일하는 노년 건강한 공동체

일 본

일하는 노년 건강한 공동체
일본

—

인쇄 2020년 8월 25일 1판 1쇄   **발행** 2020년 8월 31일 1판 1쇄

지은이 김수영 · 장수지 · 진재문 · 황재영 · 문경주   **펴낸이** 강찬석   **펴낸곳** 도서출판 미세움
주소 (07315) 서울시 영등포구 도신로51길 4   **전화** 02-703-7507   **팩스** 02-703-7508
등록 제313-2007-000133호
홈페이지 www.misewoom.com

정가 15,000원

—

ISBN 978-89-85493-18-5   93330

이 저서는 2015년 대한민국 교육부와 한국연구재단의 지원을 받아 수행된 연구임(NRF-2015S1A3A2046745)
※ 인물사진의 초상권은 인터뷰 당시 구두상 허락을 받았습니다만, 추후 공식적인 협의를 희망하면 절차에 따
   라 진행하겠습니다.

초고령 사회를 위한
행복한 노년 시리즈 3

일하는 노년
건강한 공동체

김수영 · 장수지 · 진재문
황재영 · 문경주 함께 씀

일 본

머리말

인구고령화는 대다수의 국가가 안고 있는 공통된 현상이다. 따라서 고령화에 따른 문제는 많은 국가들이 각국의 경험을 공유하는 기회를 폭넓게 가짐으로써 공동으로 대처해 나가야 한다. 특히 우리나라처럼 준비되지 않은 채 빠르게 고령화가 진행된 경우는 국내에서 많은 선례를 찾기가 어려운 형편이다. 그래서 그간에 우리나라는 노인 분야에서 일본의 정책과 제도들을 많이 벤치마킹했다. 여러 선진국 중에서 특별히 일본 사례들을 많이 검토했던 이유는 몇 가지가 있다. 우선은 일본이 우리와 함께 동양문화권에 속해 있어서 노인에 대한 가치관이 유사하므로 일본의 경험을 벤치마킹하는 것이 수월했을 것이다. 그래서 여러 사안에서 일본의 상황이 우리의 준거가 되어 왔던 게 사실이다. 또 다른 이유는 일본의 고령화 속도가 매우 빠르다는 것이다. 우리도 2000년 이후 인구고령화 속도가 빨라지면서 이제 세계 최장수국인 일본의 고령화 속도를 능가할 것이라는 전망이 국제적인 통계를 통해 이미 보고되었다. 따라서 빠른 고령화에 대처해 온 일본의 여러 경험을 적절히 수용하는 것이 후발국가 입장에서 효율적이라는 판단을 한 것 같다.

특히 우리나라가 국민연금제도를 수립하고 확대, 발전시켜 온 과정이나 노년기 경제활동을 지원하기 위해 노인일자리사업을 시행해 온 데는 일본의 관련 정책과 제도가 많은 영향을 미쳤다. 이처럼 관련 복지정책이 먼저 시행되거나 더 발전한 국가의 경험을 적극 검토하는 것은 정책 시행에서 사회적 리스크를 줄이고 사회 구성원들에게 미치는 파급효과를 높인다는 측면에서 바람직하다. 물론 장기적으로 제도가 토착화되기까지는 한국 사회의 여러 변수들이 적극 반영되어야 함은 간과되어서는 안 될 것이다.

우리가 저술하고 있는 시리즈의 책들은 이런 목적을 가지고 외국 사례들을 소개하고 있다. 시리즈 3권인 이 책에서는 활기차고 보람 있는 노년을 위해 다양한 형태로 경제활동에 참여하고 있는 일본 고령자들의 모습과 고용 여건들을 조명해 보았다. 그런데 여러 사례에서 그들의 경제활동 참여형태나 활동에 따른 보상을 보면 상당수의 참여자들은 '참여' 그 자체에 중요한 의미를 두고 있었다. 이는 고령자들이 수입 못지않게 사회활동에 참여하는 그 자체를 가치 있게 추구한다는 것을 의미한다.

우리는 이 책에서 노년기 사회참여의 목적에 근거하여 일본 고령자들의 경제활동을 위한 정책과 제도, 고령자들이 취업하고 있는 기관의 특성과 사업 내용, 참여 고령자들의 활동 등을 두루 살펴보았다. 특히 노후 경제활동의 지원주체가 공공인지 비영리민간인지 아니면 영리민간인지, 그리고 사업의 유형이나 성격에 따라 경제적 수입이 주된 목적인지 아니면 사회공헌이 목적인지 등의 관점에 따라 여러 사업들을 소개하였다. 즉, 고령자들에게 활동의 기회를 주는 주체를 크게 공공, 비영리민간, 영리민간으로 구분하였고, 비영리민간은 공공으로부터 위탁받은 비영리법인, 커뮤니티 비즈니스 활성화를 위해 설립된 NPO, 지역 단위에서 상생을 목적으로 하는 협동조합으로 세분화하였다.

이 책은 1부와 2부로 구성되었다. 1부에서는 크게 세 가지 주제가 장별로 다뤄졌다. 첫째는 일본 고령자들이 생각하는 '노년기 일'이 어떤 의미를 가지는가를 일본의 근대 역사 속에서 형성된 집단의식과 연결하여 기술하였다. 둘째는 초고령사회 일본에서 고령자들의 경제활동을 촉진하기 위한 법이 어떻게 수립되어 현실적으로 적용되고 있는지, 또 그것이 미치는 파급효과와 전망에 대해 일본전문가들의 의견을 들어보았다. 마지막으로는 현재 공공과 민간에서 고령자고용을 지원하는 체계를 소개하고, 각 체계의 성격과 역할이 무엇인가를 기술하였다. 2부는 1부에서 구분한 경제활동의 지원체계별로 해당 사례를 발굴하여 소개하였다. 대부분의 사례는 도쿄도 내의 여러 도시에서 발굴하였고, 일부는 오사카시에서 찾았다.

1, 2부 전체에서 각 연구진이 집필한 부분을 간단히 소개한다. 1부는 이 책의 내용을 개념화하기 위한 부분으로, 우선 노인 또는 노화 관련 이론에 근거하여 노년기 경제활동이나 사회공헌활동들을 서술했다. 그리고 일본 고령자들의 일에 대한 관념이나 일본의 관련 정책이나 사업을 소개하는 내용은 수집한 자료에 근거하거나 일본의 전문가들과 인터뷰한 내용을 토대로 서술하였다. 1부는 본인과 장수지 교수, 진재문 교수, 황재영 박사가 집필하였는데, 특

히 일본의 현황에 대한 전문가 인터뷰는 장수지 교수와 진재문 교수가 황재영 박사의 통역에 따라 진행하였다. 2부는 전체 필진들이 나누어서 자료수집과 집필을 담당하였다. 이때 통역은 황재영 박사가 맡았다. 공공기관인 헬로워크 사업은 장수지 교수가 집필하였고, 비영리기관인 실버인재센터는 본인과 진재문 교수가, 비영리기관인 NPO는 진재문 교수, 협동조합은 문경주 박사, 민간기업은 본인과 황재영 박사와 문경주 박사가 맡아서 인터뷰하고 집필하였다. 마지막으로 각 사례마다 노인복지 관점에서 해석을 추가하였고, 필진들이 집필한 내용의 서술방법과 내용의 높낮이를 일관성 있게 맞추어 가독성을 높이고자 했다. 이 역할은 필진들과 협의하여 주로 대표 필자인 본인이 맡아서 진행하였다.

이 책은 우리 연구단에서 저술하는 〈행복한 노년 시리즈〉 중 2권을 탈고한 시점에 기획되었다. 1, 2권과 다른 성격의 3권에 적합한 주제와 구성의 차별성을 찾기 위해 상당한 시간이 소요되었다. 특히 이 책의 주제에 맞는 사례들을 찾기 위해 본인은 외부 필자인 황재영 박사와 여러 차례 협의하였고, 우선 일본 고령자들이 경제활동을 하고 있는 기관들을 두루 파악한 후, 공공·비영리·영리 조직이라는 세 영역으로 구분하여 책의 큰 얼개를 구성하였다. 이 구조는 곧 고령자들의 경제활동을 위한 지원체계로 자리잡았다. 황재영 박사는 일본 고령자들의 경제활동 전반이나 관련 정책에 대해 조언해 줄 전문가들을 섭외하였다. 그리고 각 영역별로 실제 자료 수집할 대상 기관이나 기업도 추천받았고, 인터뷰 대상 고령자들도 사전에 섭외하였다.

우리 연구단의 공동연구자 세 분인 진재문 교수, 장수지 교수, 문경주 박사는 통역을 맡아 준 황재영 박사와 함께 2016년 7-8월의 무더위 속에 자료 수집을 위해 각각의 일정대로 도쿄도와 오사카시를 방문하였다. 전문가로 섭외된 분들은 고령자고용정책 전문가인 요코하마 대학 오카 마사토 교수, 후생성 직업안정국 고령자고용대책과 야마시타 요시히로 과장보좌였다. 그리고 여러 도시에서 고령자들을 고용하는 기업이나 비영리 조직의 대표자들, 경제활동에 참여하고 있던 고령자들을 두루 만나 심층 인터뷰를 진행하였다. 무더운 여름에 거둔 훌륭한 성과였다고 자평해 본다. 특히 우리 다섯 명의 필진은 여러 차례 사전회의를 하여 전문가, 기업 대표자, 고용된 고령자들에게 물을 질문을 구성하여 충실하게 인터뷰하려고 애썼다. 그리고 무엇보다 인터뷰 대상 기관의 섭외와 자료 수집에 더해 통역까지 맡았던 황재영 박사는 무더위 속에서도 강행군을 해가면서 모든 일정이 차질 없이 마무리되도록 빈틈없는 역할을 해 주었다. 지면을 빌려 공동필진 여러분께 진심으로 감사의 말씀을 드린다.

　　그런데 인터뷰한 내용을 앞서 구성한 지원체계의 각 영역에 배치하다 보니 일부 영역에는 사례를 더 추가하는 것이 좋겠다고 판단하였다. 그래서 본인과 황재영 박사는 영역별로 사례를 더 확보하기 위해 2017년 여름에 다시 일본을 방문하여 추가로 자료를 수집하였다. 그러나 원래 계획했던 2018년에는 본인의 게으름 탓에 일본편을 출간하지 못하였다. 그래서 일부 인터뷰 내용에는 통계가 업데이트되지 못한 아쉬움이 있다. 물론 공식적인 통계 중 일부는 업데이트할 수 있었지만, 전체적인 맥락이 맞지 않을 듯해서 그대로 두었다. 하지만 일본의 노인고용정책을 이해하고, 경제활동이나 사회공헌활동을 하는 고령자들의 실제를 살펴보는 데는 문제가 없을 것이라 생각한다.

이 책의 주제는 세계보건기구WHO와 유럽연합EU이 추구하는 '활기찬 노화active aging' 추진정책 중 한 영역인 '경제활동을 통한 사회참여'에 해당한다. 특히 연공서열식의 조직문화를 가진 일본의 사례는 향후 우리 사회가 직면하게 될 상황을 예측하는 데 도움이 될 것이다. 우리나라는 아직 노후 소득보장제도가 미흡한 편이다. 그래서 과거 산업화의 역군으로 존경받던 현재 고령자들 중 다수는 연금제도가 시행되기 전에 이미 퇴직하여 연금급여를 받지 못하고 있다. 또한 일부 고령자들은 연금제도의 한시적인 적용을 받았지만, 기본생계에 미치지 못하는 수준의 연금급여를 받고 있는 실정이다. 그러니 과거에 삶의 현장에서 치열하게 살았던 고령자들에게 여가나 사회공헌 또는 자원봉사라는 것은 남의 나라 이야기일 수밖에 없다. 하지만 우리나라가 곧 초고령사회에 진입하고 노년층이 두터워지면 더 다양한 활동을 원하는 고령자들이 증가할 것이다. 그러므로 앞으로 그들이 경제적인 활동을 비롯하여 다양한 사회활동에 참여할 수 있도록 외국의 사례들을 소개하는 것은 나름대로 의미가 있을 것이다. 특히 이 책에 담긴 일본의 고령자 경제활동 관련 정책이나 구체적인 고용사례들은 우리나라가 고령자 일자리정책을 확대 추진하는 데 필요한 자료가 될 것이다.

한편 필진들이 일본의 고령자들을 인터뷰하면서 공통적으로 확인한 것은 그들이 사회에 참여하는 이유가 단지 경제적 소득확보만이 아니라 주류사회에 더 오래 머물면서 사회구성원으로서 한 몫의 역할을 하려는 것이었다. 뿐만 아니라 3권의 제목인 "일하는 노년, 건강한 공동체"에 걸맞게 고령자들은 그들에게 내면화되어 있는 '평생현역'이라는 가치를 실천함으로써 본인의 행복한 삶은 물론 지역사회에 기여한다는 보람도 느낀다는 것을 충분히 알 수 있었다. 이러한 바람은 우리나라 고령자들도 공통적으로 가지고 있을 것이다. 결국 직장에서의 퇴직이 인생의 최종 은퇴가 아니기를 바라는 것이다. 그래서 시리즈 3권 일본편은 우리나라가 전체 인구의 20%가 노인인 초고령사회를 눈앞에 두고 있는 시점에서 상당한 울림이 있는 자료로 활용되기를 기대해 본다.

다시 한 번 이 책을 출간하기 위해 애쓰신 장수지 교수, 진재문 교수, 문경주 박사, 황재영 박사께 깊은 감사를 드린다. 그리고 시리즈 3권의 탈고를 기다려 주신 미세움 출판사의 강찬석 사장님과 임혜정 편집장님에게도 깊은 감사의 말씀을 드린다. 이제 이 책이 출간되면 시리즈 1, 2, 3권이 서점의 서가에 나란히 비치될 것이다. 세 권 모두가 활기차고 생산적인 노년의 모습을 다양하게 보여줌으로써 우리 사회가 고령자들이 행복한 고령친화적인 공동체를 구현하는 데 일조하기를 바란다.

2020년 8월
필진 대표 김 수 영

차 례

PART 1

초고령사회 일본의 노년기 경제활동

제1장
초고령사회에의 대응

일본은 세계적인 최장수국가 중 하나다. 이미 초고령사회에 도달한 일본은 1980년대부터 빠른 인구고령화를 경험하면서 여러 가지 노인 관련 정책들을 개편하기 시작하였다. 대표적인 정책 중 하나가 기존에 여러 직능별로 분리, 운영되던 연금제도를 고령사회에 대비하여 통폐합한 것이다. 이 개혁을 통해 모든 국민은 기초노령연금제도의 적용을 받게 되면서 전 국민 소득보장 시대에 진입하였다. 반면 사회보장제도의 또 다른 한 축인 의료보장제도는 이해집단들의 복잡한 관계로 인해 소득보장제도만큼의 개혁을 가져올 수는 없었다. 하지만 후기노인 인구집단의 증가가 두드러지면서 2000년에는 병약한 노인들을 위한 '개호보험제도'를 수립하여 사회적 돌봄을 시행하는 등 생애주기 중 길어진 노년기에 대비하여 사회적 패러다임을 바꿔 갔다.

이처럼 일본은 국민들의 노후 안정된 삶을 위해 고령사회 나아가서 초고령사회에 맞춘 사회체계의 변화를 도모해 오고 있다. 하지만 일본 사회가 안고 있는 급속한 인구고령화 문제는 인구구조의 장기예측에서 보듯이 저출산 고령화 문제를 동시에 극복해야 하는 복합적인 과제에 직면해 있다. 물론 저출산 고령화 현상은 비단 일본 사회만의 문제는 아니며, 고령화가 많이 진행된 선진국이나 일본보다 인구고령화 속도가 더 빠른 우리나라도 공통적으로 당면한 문제다. 이에 대해 북미나 서유럽 중심 선진국들과 일본은 이미 이러한 인구구조의 변화에 선순환적으로 대응하고 있으며, 특히 일본은 기존의 사회문화적 전통이나 사회보장정책의 현실을 고려하면서 사회구조적 변화에 따른 대응 차원에서 해법을 찾고 있다. 이는 곧 초고령사회로의 패러다임 전환을 추구한다는 것이다. 일본을 포함하여 패러다임 전환을 모색하는 선진국들이 추구하는 정책의 배경과 접근방안에는 다음과 같은 공통점이 있다. 첫째는 노인인구 증가로 인한 부양비용 증가에 따른 재정부담이다. 그리고 이에 대비하여 소득과 의료 및 돌봄을 위한 재정의 장기추이를 분석하고, 재정안정을 위한 방안을 다각적으로 모색하고 있다. 둘째는 젊은 인구 감소로 인한 노동력 감소에 따른 국가경쟁력 약화다. 그리고 이에 따라 젊은 노동력을 대신하기 위한 대안 중 한 가지로 퇴직자나 퇴직예정자들의 지속적인 고용방안을 현실화하고 있다. 셋째는 수명연장에 따른 노인인구집단 연령 스펙트럼이 확대되면서 의존성이 높은 초고령노인의 비중이 높아지는 소위 사회적 노화 문제에 직면해 있다. 이에 대해 비록 노화는 진행되어도 건강하게 노년을 유지토록 하기 위해 활기찬 노년을 권장하는 정책을 추진하고 있다.

위의 두 번째와 세 번째 대안은 고령자들이 체감할 수 있는 정책으로 가시화되고 있다. 그중 대표적인 것이 세계보건기구와 유럽연합이 추진하고 있는 '활기찬 노화' 관련 정책들이다. 즉, 고령자들이 건강하고 활기차게 노년을 보냄으로써 개인의 삶의 질을 향상시키고 사회에 공헌할 수 있는 기회를 늘리며, 나아가서 국가나 지역사회의 부양부담 증가를 예방한다는 것이다. 활기찬 노화를 추구하는 방법으로는 여러 가지가 예시될 수 있다. 우선 고령자들이 중년기까지 해 오던 경제사회적 역할을 지속하는 것, 건강을 유지하면서 여가생활을 추구하는 것, 변화하는 현대사회의 구성원으로 살아가는 데 필요한 평생교육의 기회를 가지는 것, 지속적인 가족관계를 유지하기 위해 자녀들과 더불어 살면서 가사지원이나 손자녀돌봄의 역할을 수행하는 것 등이 활기찬 노년을 약속받을 수 있는 방법으로 제안될 수 있다.

이 책에서는 일본 고령자들이 활기찬 노화를 추구하는 여러 활동 중 경제활동을 주로 다루게 된다. 구체적으로는 젊은 세대와 경쟁하는 영리 추구의 민간시장보다는 NGO 등의 경제활동 또는 공공이 주도하거나 지원하는 활동 등을 살펴볼 것이다. 현재 우리나라는 일본만큼 고령화율이 높지는 않지만 세계적으로 전례 없는 고령화 속도에 더해 아직 충분하게 성숙되지 못한 소득보장제도와 기업복지의 한계로 인해 장노년세대의 경제적인 노후보장에 많은 우려와 관심을 가지고 있다. 따라서 우리보다 고령화가 더 진행된 선진국 중에서도 동양문화권에 속해 있으면서 우리와 유사하게 빠른 고령화를 겪고 있는 일본의 경험을 조망해 봄으로써 우리나라가 초고령사회에 필요한 대안들을 폭넓게 마련하는 데 지혜를 얻고자 한다.

장수사회인 일본에서는 고령자들의 경제활동을 노년기 '보람찬 활동'이라고 칭한다. 그중에는 은퇴 후에도 여전히 사회적으로 중요한 일을 하는 경우가 있는가 하면 노년기에 뒷방 늙은이로 남지 않고 소소한 활동을 하면서 적게나마 수입을 얻는 것을 미덕으로 생각하는 경우도 있다. 이 책에서는 이런 다양한 활동을 하는 일본 고령자들이 생각하는 보람찬 활동에 내재되어 있는 노년기 '일'에 대한 인식도 살펴본다. 즉, 사회보장제도가 안정적으로 운용되는 일본에서 고령자들이 생각하는 '노년의 일'이 무엇인지를 알아보고자 한다. 왜냐하면 우리나라는 연금제도가 현재 노인세대의 다수에게 적용되지 않거나 연금수준이 미흡하여 노후보장이 부족한 편이다. 따라서 노년기의 경제적인 활동은 경제적 소득보전이라는 단선적인 맥락으로 이해되는 경향이 있다. 이처럼 노년기 사회참여가 노후 소득보전을 위한 주요 수단이 되고 있지만, 사회공헌적인 또는 건강한 노년을 위한 생산적인 활동으로도 관심을 받아야만 활발한 노년이 추구하는 이념에 부응할 수 있을 것이다. 즉, 우리 사회도 초고령사회에의 대응의 일환으로서 고령자들이 의미 있는 경제활동으로 또는 사회에 조건 없이 기여하고 젊은 세대의 존경도 받는 성숙된 사회를 키워나가야 한다는 것이다. 그럼으로써 고령자들의 사회적 정체성은 더 부각되고 세대 간 신뢰와 젊은 세대로부터의 존경도 우러나오게 될 것이다. 결국 이러한 목적과 이념에 부합하는 여러 가지 활동은 모두 노년기의 '일'에 포함되어야 할 것이다.

제2장

활기찬 노년과 경제활동

1. 일본 고령자들의 경제활동

1) '생산적 노화'와 경제활동

노년기의 경제활동은 고령자들의 소득에 직접적인 영향을 주는 동시에 노년의 삶의 방식을 결정하게 된다. 이런 활동은 노년층을 위한 정책담론 가운데 주로 '생산적 노화productive aging'의 관점에서 논의되어 왔다. 생산적 노화는 노화과정에 있는 개인의 활동이 생산성이 있음을 의미하는데, 이때 생산성의 적용범위에 대해서는 연구자에 따라 관점에 차이가 있다. 여러 연구자들의 논의를 보면, 생산적 노화에서 '생산적'이라는 의미를 경제적 활동, 시장적 활동, 유급활동, 직업적 활동으로 제한하는 관점이 있는가 하면(Glass et al., 1995; Burr et al., 2002), 시장적 활동영역의 경제적 활동뿐만이 아니라 재화나 서비스를 생산하거나 그것을 생산할 수 있는 능력을 개발하는 활동까지를 포함하거나(Starrels, 1994; Hendricks, 1995), 자원봉사, 가족지원 등 타인과 공동체에 대한 기여를 포함하는 포괄적인 개념으로 정의하기도 한다(Butler & Gleason, 1985). 이렇듯 생산적 노화의 정의는 관점에 따라 다소 차이가 있지만, 기본적으로는 고령자들의 경제적 활동에 주로 초점이 맞춰진다.

생산적 노화 담론은 1990년대 신보수주의가 등장하면서 복지의 성과에서 생산성의 가치를 강조한 '생산적 복지'의 이념과 동일한 맥락에서 설명하기도 한다. 하지만 이 책에서는 생산적 노화를 정치적 또는 이념적인 접근보다는 활동적 노화의 일환으로 보고, 노후 삶의 질을 향상시키기 위한 실천적 관점으로 접근하고자 한다.

생산적 노화는 기존의 의존성과 비효율성이 강조되던 부정적인 노년상과는 상반되는 개념이다. 따라서 노년기에도 생산성을 유지할 수 있다는 전제하에 노인의 사회적 역할을 재평가하고 가족과 공동체에 기여할 수 있는 활동에 참여하는 것을 강조한다. 이를 통해 의존과 사회적 배제라는 노인에 대한 부정적 고정관념을 객관적이고 균형 잡힌 인식으로 전환하고자 한다. 생산적 노화의 관점에서 보면 노인들은 경제적 생산성 차원에서 유용한 인적 자원이다. 이런 맥락에서 생산적 노화는 고령화에 따른 노동인구 감소, 노인빈곤과 고독 등과 같은 사회문제에 대한 해법 중의 하나로 제시되면서, 고령자고용정책에 적극적으로 적용되기도 하였다. 대표적인 예를 들면 많은 OECD 국가에서는 1990년대 중반 이후 사회적 부담이 가중되는 연금제도 개혁을 추진하면서 고령자고용지원정책을 사회정책의 핵심이슈로 부각시켰다(지은정, 2013). 생산적 노화의 관점을 전제로 퇴직예정자들이 퇴직 시기를 유연하게 선택케 하고, 그들이 노동시장에 더 오래 머물면서 지속적으로 경제활동을 하도록 유도하는 고령자고용정책을 추구한 것이다. 이는 고령의 노동자들은 일정한 소득을 얻으면서 노동시장에서 안정된 일자리의 기회를 연장하고, 정부는 그들을 납세자로 확보하면서 그들에게 지급되던 연금재정의 지출도 줄이는 소위 '윈윈' 효과를 기대한다. 물론 이러한 정책전환으로 인해 노후 소득보장제도의 역사가 긴 유럽 국가들은 노조와 퇴직예정자들의 반대로 인해 연금삭감과 관련된 갈등을 겪고 있지만, 개인적으로 노후 경제적 보장이 빈약하거나 활동적 노화를 지지하는 퇴직예정자들에게는 좋은 선택이 되고 있다.

우리나라에서는 2000년대 들어 생산적 노화의 개념이 언급되기 시작하였다. 최성재(2002)는 노인복지정책의 주요 목표로 생산적 노화를 설정하였고, 이를 위한 취업, 자원봉사, 교육증진정책들을 제안하였다. 하지만 우리나라에서는 IMF 이후 실업자들이 속출하면서 일과 복지를 연계하는 생산적 복지에 관한 논의가 적극적으로 시작되었다. 그 이후에 노인일자리 등을 비롯하여 노년기 경제활동의 중요성이 강조되면서 생산적 노화에도 많은 관심을 가지게 되었다. 예컨대 이희성(2008)은 생산활동을 통한 생활보장의 중요성을 강조하면서 〈고령자고용촉진법〉상의 고용촉진제도들의 개선방안을 제시하였다. 이처럼 우리나라는 경제활동을 통한 노후 소득보전을 사회적 목표로 삼고 생산적 노화를 해석하기 시작했던 것이다.

그 후 국내연구에서는 생산적 노화의 효과성을 탐색하기 위한 실증적 연구들이 지속적으로 축적되고 있다. 생산적 노화담론의 실증연구로 진행된 연구 중 노인의 생산적 활동과 성공적 노화 간의 관계를 살펴본 연구에서는 공통적으로 노인들이 취업을 비롯한 다양한 생산적 활동을 통해 성공적 노화의 수준이 높아진다고 보고하였다(남기민·최화강, 2009; 박정호, 2012). 그리고 생산적 노화의 맥락에서 이루어진 연구는 아니지만, 노년기 경제활동의 개인적 또는 사회적 차원의 긍정적 효과를 검증한 연구도 다수 있다. 사회적 차원의 효과를 다룬 연구들 중 농업노동과 의료지원비 등을 포함한 사회보장비용 간의 관련성을 분석한 연구(윤순덕 등, 2005)에서는 농업노동이 노인의 사회보장비 지출을 유의미하게 감소시켰음을 밝혔다. 또한 노인일자리사업 참여여부와 의료비지출 간의 관련성을 살펴본 연구(이석원·임재영, 2007)에서도 노인일자리사업 참여노인들은 비참여노인들에 비해 건강상태가 개선되어 의료비를 덜 지출하게 되었고, 이는 사회 전체의 의료비 절감효과로 나타난다고 보고하였다. 한편 경제활동의 개인적 차원의 효과를 다룬 연구결과들도 있다. 취업노인이 미취업노인에 비해 자아존중감과 대인관계 등의 영역에서 삶의 질이 더 높은 것으로 나타났으며(이지현 등, 2008), 노인일자리사업에 참여했던 노인들은 참여 전에 비해 참여 후에 생활만족도와 사회적 지지수준이 향상되고 우울감이 저하되는 등 심리사회적 건강수준이 높아지는 것으로 확인되었다(김수영 등, 2014). 이러한 결과들은 노년기의 경제적 활동은 소득보전뿐만 아니라 건강이 유지되고 사회적 지지망도 유지되거나 확대되어 노년기 삶의 질 향상을 유도한다는 것을 지지하는 근거가 되기도 하였다. 즉, 고령자들의 경제활동은 그들이 사회에서 배제되지 않고 지속적인 관계를 유지하고 삶의 보람을 느끼게 하는 긍정적인 효과를 가져온다는 것이다. 다만 지금까지의 국내연구에서는 고령자들의 경제활동 효과가 공공 또는 비영리 분야나 경쟁력이 낮은 농업 종사자를 대상으로 검토된 경향이 있다. 하지만 앞으로 경쟁력 있는 민간시장에서 고령자들의 노동참여에 따른 경제사회적 파급효과도 보고된다면 경제활동이 생산적 노화를 촉진하는 중요한 방안으로 제시될 수 있을 것이다.

2) 고령자들에게 경제활동의 의미

군국주의 전통이 잔존하고 집단주의 문화가 지배적인 일본 사회에서 고령자들은 노동, 즉 '일'에 대해 어떤 가치나 태도를 가지고 있는지 살펴본다. 아마도 노인계층의 '일'에 대한 가치는 현재 그들이 참여하는 노동현장에서 규범적으로든 현실적인 법적 근거로든 존재할 것이라 생각한다. 현재 일본의 고령세대는 일본 근대 역사의 끝자락에서부터 현대사회의 경험을 동시에 가지고 있는 사람들로서, 대다수가 근대식 공교육을 받았다. 그들의 생애 중에 대동아전쟁이 촉발되었고, 그 여파는 전 국민생활의 내핍화로 이어졌다. 그러므로 그들은 성실과 근검절약이 체화되면서 성장했을 것으로 짐작된다. 이러한 과정을 경험한 현재 고령자들의 인생관 속에는 아마도 비록 나이가 들어도 몸을 움직일 수 있으면 활동해야 하고, 그 활동이 사회적인 의미를 가질수록 사회에 기여하고 개인적으로도 보람된 노년을 보낸다는 생각이 지배적일 것이다.

물론 여느 나라에서 볼 수 있듯이, 일본의 경우도 일에 대한 개인적 신념과는 별도로 노년기에 지속적이고 안정적인 소득이 필요해서 경제활동을 하는 사람도 적지 않다. 왜냐하면 일본은 1986년에 노인기초연금제도를 도입했지만, 추가로 기업연금급여를 제대로 받지 못한 사람들은 낮은 수준의 기초연금만으로 노년기 삶을 영위하기가 쉽지 않기 때문이다. 그들은 경제대국 일본의 빈곤노인 집단을 만들어 내었고, 그들 중 경제활동이 가능한 사람들은 상대적으로 젊은 세대가 선호하지 않는 일터에서 지속 고용이나 재취업을 하고, 전업주부인 경우는 취업을 하기도 한다. 따라서 일본 고령자들의 '일'에 대한 가치를 일반화하는 것은 다소 한계가 있을 것이다. 이 책에서는 주로 노년기 전에 경제활동을 했던 고령자들을 대상으로 서술하였다.

일본 사회에서 고령자들의 경제활동은 보람찬 노년의 삶을 추구하기 위한 '보람취업生きがい就労'이라는 의미와 더불어, 의욕과 능력이 있으면 연령에 상관없이 계속적으로 경제활동을 하며 사회적으로 활약한다는 소위 '생애현역사회' 혹은 연령에 따른 장애가 없는 '에이지 프리age free 사회'를 실현한다는 의미를 가진다. 이는 사회구성원 전원이 활약할 수 있는 '전원 참가형 사회全員参加型の社会'와 사회구성원 모두가 활약할 수 있는 심정적·물리적 장을 제공하는 사회를 지향하는 것이다. 이는 일본 노년기 경제활동의 모토이자 노인고용정책의 중요한 방향성이다.

현재 일본 사회에서는 평균수명의 연장으로 퇴직 후 여생이 확대되면서 건강하고 유능한 고령자들이 증가하지만 이들이 활약할 수 있는 장은 아직 부족하다. 실제로 일본 고령자들 중에는 퇴직 이후에 취미나 자원봉사 등으로 삶의 보람을 찾는 정도로는 부족함을 느끼고, 현역으로 왕성하게 일하던 시절에 느꼈던 긴장감이나 생동감, 책임감에 대한 진한 향수와 함께 다시 일하고 싶어 하는 사람들도 늘고 있다. 그러나 그들 모두가 현역시절과 동일한 강도의 노동을 원하는 것은 아니며, 일의 양을 줄이거나 지금까지 해왔던 일과는 다른 새로운 일을 시도해 보려는 사람도 적지 않다.

2010년 일본 내각부의 '고령자의 생활과 의식에 관한 국제비교분석' 결과에 따르면, 일본 고령자들이 일하는 이유는 경제적인 이유가 43.8%, 건강증진 25.8%, 일 자체가 주는 즐거움과 활력 20.7%, 사회적 교류증진이 8.3% 등으로 나타났다. 이처럼 일본의 고령자들이 퇴직 후에도 일을 지속하고자 하는 이유에는 노후 소득보충이라는 경제적인 이유 못지않게 여생을 보람되게 살고자 하는 의지가 두루 반영되어 있음을 볼 수 있다.

또한 2007년에 단카이 세대[1]를 대상으로 한 조사결과에 따르면,

---

1 브비에(Bouvier)(1980)는 베이비붐 시기를 규정하려면 출산율과 출생아 수가 모두 고려되어야 한다고 했다. 베이비붐 발생기준을 출산율로만 설정할 경우, 합계출산율이 3.0 이상인 시기를 말한다. 하지만 일본의 경우 베이비붐 세대는 1947–51년까지 3.0 이상의 합계출산율을 유지하고 있음에도 베이비붐 세대를 제2차 세계대전 이후 1947–1949년에 태어난 세대(출생아 수 기준)로 규정하고 있다. 이들은 '단카이 세대'라고 불리며, 동 기간의 출생자 수는 806만 명으로 총인구의 5%를 차지한다. 일본 단카이 세대는 3년이라는 짧은 기간이며, 이 기간 동안 합계출산율은 4.0 이상으로 메이지 유신 이래 가장 높은 출생률을 보였다(정후식, 2005). 따라서 이들 베이비부머는 총인구와 취업자 수 등에서 차지하는 비중도

60세 이후의 경제활동으로는 지금까지 해 왔던 일과 동일한 종류의 일을 희망하는 경우가 55%로 절반 정도였고, 지금까지 축적된 지식과 경험을 활용할 수 있으면 좋겠다는 응답이 30%, 전혀 다른 분야를 희망하는 경우가 9%, 특별한 요구사항을 제시하지 않는 경우가 24%로 나타났다(취업생활비전 조사, 2007). 이러한 조사결과는 현재 고령자들에게 제공되는 다양한 일자리가 그들의 취업경험과 무관한 고령자 수요를 유발할 수 있음을 말해 준다.

2. 일본 고령자들의 경제활동 배경과 이유

1) 고령자들의 경제활동 배경

일본은 2010년에 이미 65세 이상 인구가 전체 인구의 20%를 넘는 초고령사회에 진입한 세계 최고령국가다. 2017년 현재 일본의 인구는 1억 2,605만 6,362명으로, 2006년을 기점으로 감소하기 시작했고, 2055년에는 9,000만 명 이하로 감소하여 고령화율은 40%에 가까운 수준이 될 것으로 예측된다([그림 1]). 일본은 그동안 인구고령화, 노동인구 감소, 노인인구 부양비 증가 등 인구학적 압

다른 연령대보다 월등히 높다(김용하, 임성은, 2011, 재인용 및 요약). 인터뷰에서는 일본인들이 언급한 일본 베이비붐 세대보다 연령대를 좀 더 넓혀서 설명하였다. 그래서 이 책에서는 1947-51년 출생자는 물론 그 이후 출생자까지 포함하여 '신노년세대'로 칭하였다. 참고로 '단카이 세대'라는 용어는 사카이야 다이치의 소설 《단카이 세대》에서 비롯되었다(김용하, 임성은, 2011, 재인용).

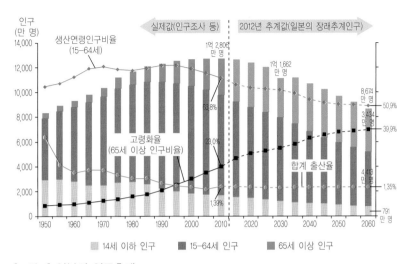

[그림 1] 일본의 인구추계

자료: 국립사회보장 · 인구문제연구소 '일본의 장래추계인구(2012년 1월 추계)'.

력을 그 어떤 나라보다도 강하게 경험해 왔으며, 현재 전 세계에서 가장 높은 노인부양비와 노인인구비율을 나타낼 뿐만 아니라 가까운 미래에도 지속적인 부담을 느끼게 될 것으로 예상된다(이정의 · 肥後裕輝, 2010).

노동시장과 관련하여 볼 때 총인구수의 감소는 노동력 감소로 직결된다. 일본의 노동인구는 1992년 64.0%에서 2012년 59.1%로 감소하였다. 특히 전체 인구의 5%를 차지하는 1947-49년 출생의 단카이 세대인 일본 베이비붐 세대는 2014년에 65세에 도달했으며, 60-64세 인구의 감소와 65-69세 인구의 증가 현상이 대조적으로 나타난다([그림 2]). 단카이 세대는 2016년 현재 노동시장에서 이미 은퇴하였거나 은퇴하고 있으며, 2024년에는 모두 후기 고령

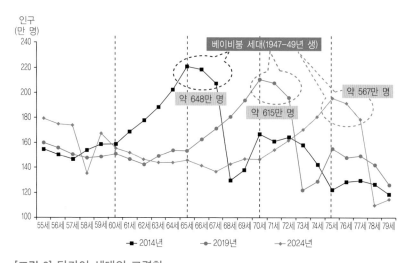

인구
(만 명)

베이비붐 세대(1947-49년 생)

약 648만 명

약 615만 명

약 567만 명

55세 56세 57세 58세 59세 60세 61세 62세 63세 64세 65세 66세 67세 68세 69세 70세 71세 72세 73세 74세 75세 76세 77세 78세 79세

■— 2014년 ●— 2019년 ◆— 2024년

[그림 2] 단카이 세대의 고령화

자료: 국립사회보장 인구문제연구소 '일본의 장래추계인구(2012년 1월 추계)'.

자인 75세에 도달한다. 이들의 수는 압도적으로 많아서 일본 고령화정책의 주된 대상이 된다.

　단카이 세대가 63-65세이던 2012년 당시에, 이들을 대상으로 몇 세까지 취업을 지속하고 싶은지를 조사한 결과(내각부, 2012)를 보면, 현재 일을 하고 있는 사람의 경우, '지금 당장이라도 그만두고 싶다'라고 답한 사람은 3.3%에 그친 데 비해, 취업지속 희망연령을 '65세까지'로 답한 사람이 21.7%, '70세까지'가 29.3%, '75세까지'가 5.3%, '언제까지나'가 33.5%로 제시되었다. 즉, 상황이 허락하는 한 지속적으로 경제활동을 하거나 70세 정도까지는 지속하고자 하는 단카이 세대가 68.1%였으며, '65세까지'를 포함하면 89.8%로 경제활동에 대한 욕구가 압도적으로 높은 것을 알 수 있다.

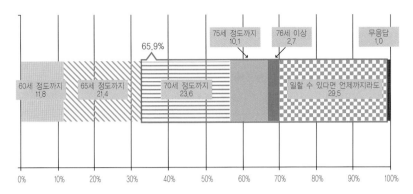

[그림 3] 고령자의 취직의향과 취직희망연령(60세 이상 응답)

자료: 내각부(2013). 고령자의 지역사회참여에 관한 의식조사(2013).

이듬해 60세 이상 고령자들에게 위와 유사한 조사를 실시한 결과는 역시 위와 크게 다르지 않다. 60세 이상 고령자들을 대상으로 한 내각부(2013) 조사결과를 보면, '일할 수 있다면 언제까지라도'로 답한 사람이 29.5%로 가장 많았고, '70세 정도까지'가 23.6%, '65세 정도까지' 21.4%, '60세 정도까지' 11.8%, '75세 정도까지' 10.1%, '76세 이상까지' 2.7%의 순으로 나타나, 법적 정년연령인 65세를 넘기더라도 경제활동을 희망하는 고령자들의 수가 70% 이상으로 높게 나타났다([그림 3]).

이러한 경향은 다른 국가와 비교해 봐도 두드러지게 나타난다. [그림 4]는 일본 내각부(2010)가 한국, 일본, 미국, 독일, 스웨덴에서 취업 중인 65세 이상 고령자들을 대상으로 지속고용 희망여부와 그 이유를 조사한 결과다. 이에 따르면, 일을 지속하고자 하는 고령자들의 비중은 한국이 88.1%로 가장 높았고, 일본이 그 뒤를

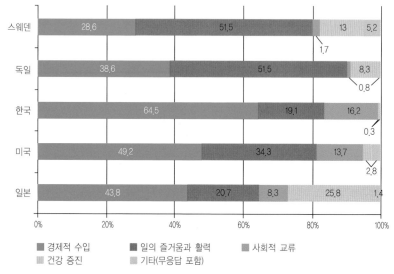

[그림 4] 고령자의 취업의욕과 지속희망 이유(국제비교)
자료: 내각부(2010). 제7회 고령자의 생활과 의식에 관한 국제비교조사(2010).

이은 87.3%, 미국 85.8%, 스웨덴 70.0%, 독일 65.3%로 나타났다. 이를 볼 때 일본은 한국이나 미국과 유사한 수준에서 지속고용을 원하고 있는 반면, 유럽 선진국들은 상대적으로 지속고용 희망률이 낮은 편이었다.

2) 고령자들의 경제활동 이유

고령자들이 일하고자 하는 이유도 국가에 따라 다르게 나타났다. 은퇴연령이 낮고 노인빈곤이 심각한 한국의 경우, 64.5%인 대다수가 경제적인 이유로 취업을 희망하였다. 선진국 중 상대적으로 사회보장제도가 취약하고 소득격차가 심한 미국을 제외한다면 일본은 유럽 선진국에 비해 경제적인 이유로 취업을 원하는 비율이 더 높다. 한국과 일본을 비교해 보면, 일본 고령자들은 경제적인 이유가 한국보다는 현격히 낮게 나타났으며(43.8%), 건강증진(25.8%)이나 일 자체가 주는 즐거움과 활력(20.7%), 사회적 교류증진(8.3%) 등의 사회참여 효과를 취업 이유로 꼽는 경우가 많았다. 이는 이미 일본 사회에는 연금제도가 정착된 데다 고령사회정책의 일환으로 다양한 목적의 일자리들이 정착되어 있는 것도 이유가 될 것이다. 하지만 무엇보다 중요한 이유는 생산인구 감소로 인해 고령의 노동력을 필요로 하는 일본에서는 현재 민간영역이나 이에 버금가는 영역의 일자리가 많이 공급되므로 경제적 필요가 있는 고령자들이 노동시장에 진입하기가 쉽기 때문일 것이다. 그럼에도 불구하고 65세 이상의 고령자 중 실제로 경제활동을 하고 있는 사람은 23% 정도여서 실제 희망수준에는 미치지 못하고 있다(총무성, 2016). 상대적으로 고령인 노인들이 취업하기 위해서는 그들의 취업욕구와 실제취업 간의 간극을 좁혀 나가는 노력이 필요하다. 그 일환으로 현재 일본은 고령자들의 취업기회를 더 확대하면서도 숙련된 고령의 노동력을 확보하기 위한 고령자 노동정책을 펴고 있다.

실제로 일본 정부와 지자체들은 노동경쟁력이 줄어든 고령자들과 이들을 둘러싼 사회가 상호 부담을 느끼지 않는 선에서 생애현역사회 실현을 위해 다양한 취업형태와 업무조건을 마련해 가고 있다. 말하자면 고령자들의 의욕과 능력에 따라 정규직 취업뿐만 아니라, 임시·단기적 또는 다소 단순한 수준의 취업기회를 다양하게 제공하여 그들이 생애 경험을 통해 가지고 있는 동년배효과로서의 '일'에 대한 가치를 실현하고 사회적으로 기여할 수 있는 조건을 만들어 가고 있는 것이다. 또한 활기찬 초고령사회를 구축하기 위한 중요한 축으로 고령자 경제활동의 확대를 설정하고, '생애현역사회'와 '에이지 프리 사회'를 모토로 고령자 경제활동 활성화를 위해 다층적인 노력을 기울이고 있다. 예컨대 고령자취업 등과 관련된 정책의 근간이 되는 법률 제정 및 개정과 더불어, 지방자체단체, 민간, 비영리조직 등 각 분야에서 고령자들의 소득보전과 사회참여를 유도하기 위한 다양한 제도와 사업들이 펼쳐지고 있다.

우리 필진들은 집필회의를 하면서 고령의 노동력들이 보람차게 일하면서 특별히 젊은 노동력과 경쟁하지 않더라도 사회적으로 기여할 수 있고 지속적인 고용을 창출할 수 있는 분야에 관심을 두었다. 왜냐하면 우선 민간시장은 영리를 추구하는 기업의 판단과 시장여건에 따라 노동력 수급이 형성되므로 교량직업bridge job을 가지면서 경력을 유지했던 경우가 아니라면 경력단절 등으로 인해 좋은 일자리 기회를 얻기가 쉽지 않기 때문이다. 이에 비해 공공형 또는 비영리형의 고용은 공공 차원의 고령자고용정책에 따라 고령노동력의 욕구나 특성이 반영되는 선한 일자리를 많이 만들어 낼 수 있어서 우리가 벤치마킹하기에 좋다고 판단하였다.

3. 고령자고용을 위한 입법

1) 〈고령자고용안정법〉의 내용

　일본은 급속한 저출산 고령화에 따른 노동력 부족과 국가경쟁력 저하, 사회적 의료비 증대 등의 문제에 직면하여 경제 활력을 유지하고 노인 개개인의 여생을 건강하고 보람찬 삶으로 만들기 위한 대책을 다각도로 강구하였다. 대다수의 사회구성원들은 고령자들이 오랜 시간 축적해 온 지식과 경험을 살려 일본 경제의 한 축으로서 활약할 수 있는 환경을 정비해 주는 것이 중요하다는 인식에 공감하였고, 이는 고령자고용연장에 관한 법률 제정 및 개정으로 이어졌다. 일본 고령자고용대책의 중심이 되는 〈고령자의 고용안정정책 등에 관한 법률(이하 고령자고용안정법)〉은 고령화율 7%인 고령화사회에 접어든 1971년에 제정되었다. 이 법의 목적은 공적연금 지급개시 연령을 연장하기 위해 정년연령을 상향조정하고, 계속고용제도를 도입하여 고령자의 안정적인 고용확보조치를 통합적으로 강구하고 직업적 안정을 도모한다는 것이다.

　〈고령자고용안정법〉은 1971년 제정 이후 1986년에 첫 번째 개정이 이루어져서 60세 정년제도가 정착되도록 기업이 의무적으로 노력하게 하였고, 1990년 개정에서는 65세까지 계속고용을 추진하였다. 또한 1994년 개정에서는 60세 정년퇴직을 의무화하였고, 1998년 개정에서는 고령자 사회참여를 촉진시키기 위한 실버인재센터사업의 발전과 확충을 꾀하였다. 2000년 이후에는 재취업 지

원계획제도를 확충하여 '정년연장 등에 의한 고령자고용확보조치'
를 의무적으로 도입하였다. 뒤이은 2004년 개정에서는 65세까지
의 고용확보 노력의무를 법으로 규정하여 '정년연장 등에 의한 고
령자고용확보조치' 도입을 법적으로 의무화하였다. 초고령사회로
진입한 이후인 2012년에도 일부개정이 이루어졌다(〈표 1〉).

〈표 1〉 〈고령자고용안정법〉 제정과 개정

주요 법과 계획	고령화율
● 1971년 〈고령자고용안정법〉 제정 ● 1973년 제2차 고용대책기본계획, 60세 정년연장을 목표	7%
● 1986년 고령자고용취업대책에 관한 종합적인 법률의 근본 개정 – 제목을 〈고령자 고용안정 등에 관한 법률〉(고령자고용안정법)로 개정 – 60세 정년 노력 의무화 – 정년연장 요청, 정년연장에 관한 계획의 작성 명령, 계획 변경 · 적정 실시 권고 – 재취업 지원 노력 의무화, 재취업 지원계획 작성 요청 등 – 고령자고용안정센터, 실버인재센터 지정 등	10%
● 1990년 〈고령자고용안정법〉 개정: 65세까지 계속고용 추진 – 중고령자 직업안정대책의 기본방침 수립 – 정년 도달자가 원할 경우 정년 후 재고용 노력 의무화, 재고용의 전제가 되는 각종 조건 정비에 관한 공공직업소개소장에 의한 권고	12%
● 1994년 〈고령자고용안정법〉 개정 – 60세 정년 의무화 – 계속고용제도 도입 등에 관한 계획 작성 지시, 계획 변경 · 적정 실시 권고 – 고령 노동자 파견사업의 특례 – 고령자 직업경험활용센터 등 지정	14%
● 1998년 〈고령자고용안정법〉 개정: 실버인재센터 사업의 발전 · 확충 – 실버인재센터 연합 지정	16%

• 2000년 〈고령자고용안정법〉 개정: 재취업지원계획제도 확충 – 정년연장 등에 의한 고령자고용확보조치 도입 노력 의무화 – 재취업지원계획 개별 교부 · 대상자 확대(45세 이상) – 실버인재센터 업무 확대	17%
• 2004년 〈고령자고용안정법〉 개정: 65세까지 고용확보조치 법적 의 무화 – 정년연장 등에 의한 고령자고용확보조치 도입의 노력 의무화(의무 화 연령을 2013년까지 단계적으로 연장) – 모집 · 채용 시 나이 제한할 경우에는 이유 제시 의무화 – 구직활동지원서 작성 · 교부 의무화 – 실버인재센터 노동자 파견사업의 특례(허가신고제)	19%
• 2012년 고령자고용안정에 관한 법률 일부 개정 – 계속고용제도 대상자를 한정하는 제도 폐지 – 계속고용제도 대상자를 고용하는 기업 범위 확대 – 의무위반 기업 공표규정 도입	24%

현재 시행중인 〈고령자고용안정법〉의 개요는 다음과 같다.

첫째, 정년연장 등에 따른 안정적인 고용확보 촉진이다. 이를 위해 60세 미만 정년금지 및 65세까지 고용확보조치라는 내용이 포함되었다. 60세 미만 정년금지는 고용주가 정년연령을 60세 이상으로 정해야 한다는 것이다. 만약 60세 미만을 정년으로 규정하게 되면 〈고령자고용안정법〉에 따라 민사상 무효 처리되며, 그 사업장에서 정한 정년 나이에 달하더라도 퇴직하지 못하도록 한다. 또한 65세까지의 고용확보조치는 정년을 65세까지 연장하기 위한 조치다. 예를 들면 정년을 65세 미만으로 정한 고용주는 65세까지 정년연령 인상, 65세까지 계속고용제도 도입, 정년제 폐지 중 한 가지를 선택해야 하는 내용이 포함된 '고령자고용확보조치'를 의무적으로 적용해야 한다. '계속고용제도'는 현재 고용되어 있는 고령자를 본인의 희망에 따라 정년퇴직 이후에도 65세까지 계속해서 고용하는 제도다. 계속고용제도는 재고용제도와 근무연장제도로 구분된다. 재고용제도는 정년이 되어 일단 퇴직한 후 새롭게 고용계약을 맺는 것이며, 근무연장제도는 정년에 퇴직하지 않고 지속적으로 고용되는 것이다. 두 제도는 형식은 다르지만 결과적으로 고령자는 자신이 근무하던 기업에서 지속적으로 일하게 된다.

둘째, 고령자 재취업 촉진에 관한 내용이다. 이는 중고령자가 이직하는 경우에 취해야 하는 조치를 말한다. '재취업 원조조치'는 해고 등에 의해 이직이 예정된 45세 이상 65세 미만의 사람이 원한다면 기업주는 구인처를 알아봐 주는 등 재취업을 위한 지원노력을 해야 한다. 다음으로 '구직활동지원서'는 해고 등에 의해 이직이 예정된 45세 이상 65세 미만의 사람이 희망한다면 고용주는 구직활동지원서를 작성하여 당사자에게 교부해야 한다. 마지막으로 '다수이직신고서'는 45세 이상 65세 미만의 중고령자 5명 이상을 해고 등에 의해 이직시키는 경우에는 미리 '다수이직신고서'를 의무적으로 공공직업안정소에 제출해야 한다.

셋째, '실버인재센터'에 대한 내용이다. 도도부현都道府県 지사는 정년퇴직자 및 고령퇴직자가 희망하면 임시, 단기업무 또는 간단한 업무에 취업할 수 있는 기회를 조직적으로 제공해 주는 일반사단법인 또는 일반재단법인을 지정해야 한다. 실버인재센터는 중앙정부 차원의 고령자고용대책에 의해 설립되고, 지자체 단위에서 운영된다. 실버인재센터의 현황과 운영은 다음 장에서 소개한다.

2) 고령자고용 관련 입법 및 개정의 효과

〈고령자고용안정법〉이 제정된 후의 고령자취업 현황을 살펴본다. [그림 5]는 중노년층 연령대별 고용추이를 나타낸 것이다. [그림 5]에서 보면 2006년에 고령자고용확보조치가 의무적으로 시행된 이래, 60-64세 고령근로자의 고용은 2006년과 2008년 사이에 23.5% 증가했고, 65세 이상의 고용도 17.7% 증가하였다. 60-64세 연령층의 경우 고용확보조치 도입을 의무화한 2006년 이후 취업률이 상승하였으며, 65-69세 고령자들은 2004년에 33.2%까지 저하되었으나 최근 상승세에 있다. 실제로 〈고령자고용안정법〉의 취업효과가 나타난 것이다.

한편 2012년에는 〈고령자고용안정 등에 관한 법률〉이 개정되어 65세까지의 고용확보조치가 강화되었는데, 그 효과는 어떻게 나타나고 있을까? 후생노동성은 2015년에 고령자고용확보조치 현황을 파악하기 위해 전국 상시 고용근로자 31명 이상인 기업 14만 8,991개를 대상으로 조사를 실시하였다.[2]

우선 고령자고용확보조치를 실시한 기업의 비율은 99.2%였고, 그중 대기업은 99.9%, 중소기업은 99.1%로 나타나서 거의 모든 기업이 이 조치를 실시하고 있었다. 또한 희망자 전원이 65세까지 일할 수 있는 기업은 총 10만 8,086개로 72.5%를 차지하였다. 더불어 70세 이상까지 일할 수 있는 기업은 2만 9,951개로 전체 기

---

2   http://www.mhlw.go.jp/file/04-Houdouhappyou-11703000-Shokugyouanteikyokukoure-
ishougaikoyoutaisakubu-Koureishakoyoutaisakuka/0000141160.pdf

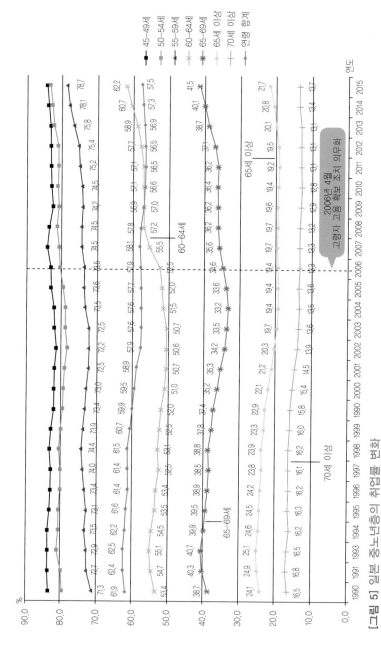

[그림 5] 일본 중노년층의 취업률 변화

자료: 총무성 통계국(1990~2015년). 노동력 조사.

범례:
- 45–49세
- 50–54세
- 55–59세
- 60–64세
- 65–69세
- 65세 이상
- 70세 이상
- 연령 합계

2006년 4월
고령자 고용확보 조치 의무화

65세 이상

60–64세

65–69세

70세 이상

연도

업의 20.1%를 점하였다. 마지막으로 과거 1년간 정년을 60세로 정한 기업 중에서 정년 도달자 중 계속 고용을 희망하지 않은 퇴직자는 6만 2,102명(17.7%)인 반면, 희망에 따라 계속 고용된 사람은 28만 7,938명(82.1%)으로 절대 다수를 차지하였다. 한편 계속 고용을 희망하였지만 고용되지 않은 사람은 745명으로, 전체의 0.2%에 불과하였다. 이러한 결과를 볼 때, 일본 정부가 강력하게 실시하고 있는 고령자고용확보조치의 시행결과는 매우 안정적이라고 판단할 수 있다.

일본 정부는 현재 〈고령자고용안정법〉이 시행됨에도 불구하고 고용확보조치를 실시하지 않은 기업에 대해서는 도도부현의 노동국 산하 공공직업안정소가 집중적으로 개별지도를 하도록 독려하고 있다. 동시에 〈고령자고용안정법〉의 의무를 넘어, 평생현역사회를 실현하기 위해 나이에 상관없이 계속 일할 수 있는 기업문화를 창출하기 위해서도 노력하고 있다. 이러한 정책은 연공서열에 따른 기업문화 속에서 일해 온 현재 고령 노동자들에게는 적합한 대안이 될 수 있을 것이다. 하지만 앞으로의 고령자들에게는 평생현역사회 실현이라는 과제는 분명히 달라질 것으로 예상된다. 이는 2018년 6월에 발표된 〈일하는 방식 개혁법률〉 개정에서 짐작해 볼 수 있다. 그동안 일본은 저출산 고령화로 시작된 인구감소로 인해 생산가능인구가 빠르게 감소하는 것에 대응하기 위해 노동관련 법률을 여러 차례 개정해 왔는데, 그 일환으로 〈일하는 방식 개혁법률〉이 발표되었다. 이는 인구구조 변화에 더해 4차 산업혁명에 따른 노동구조의 변화에 대응하기 위한 개혁적인 법률이다.

즉, 노동인력의 감소와 변화하는 산업구조에 따른 새로운 노동환경에 대응하려는 것이다. 따라서 노동력 감소와 새롭게 요구되는 기술혁신과 이에 따른 노동조건의 변화가 평생현역사회의 기조를 유지할 수 있을지는 지켜봐야 할 것이다.

4. 전문가 인터뷰

1) 오카 마사토 교수

오카 마사토 교수는 요코하마 시립대학에 재직하면서, 일본의 사회경제적 상황과 고령자 경제활동에 대해 탁월한 연구성과를 발표한 대표적인 학자다. 그는 요코하마 시립대학에서 정년퇴직을 하고 현재 명예교수로 일하고 있다. 아래 내용은 오카 교수의 연구실에서 이루어진 인터뷰 내용을 주요 쟁점 중심으로 재구성한 것이다.

(1) 고령자고용지원의 특징

유럽에 비해 일본은 일관되게 고령자고용촉진정책을 추진하고 있다. 관련된 첫 법률은 1971년의 〈중고령자들의 고용을 촉진하는 법〉이었다. 이 법은 이후 10여 차례 개정되어 지금에 이르고 있다. 가장 최근에 개정된 2012년의 〈고용촉진 관련 법〉에는 취업을 희망하는 고령자들에게는 모두 65세까지 고용을 보장해 준다는 내용이 포함되었다.

유럽과 미국의 경우 조기퇴직제도를 적용하여 정부와 기업이 고령의 근로자들을 빨리 퇴직시키고 젊은 사람을 고용하는 정책을 취하였다. 하지만 1990년대부터는 고령자를 빨리 퇴직시키는 정책은 국가의 재정부담을 가중시켜 실패했다는 것을 인정하고 천천히 정책을 전환하고 있다. 미국은 이미 자유로운 노동시장에서의 경쟁을 강조하는 정책적 · 이념적 기조가 있었다. 이를 반영하듯 연령을 기준으로 하는 강제정년을 금지하는 법률이 1960년대에 제정되었다.[3] 자유로운 노동시장이라는 생각이 있으니까, 연령에 관계없이 경쟁하게 하고, 어떤 연령의 사람을 고용해도 좋다는 입장

〈오카 마사토 요코하마 시립대학 명예교수〉

3　연령에 따른 차별을 금지한다는 점에서 연령차별ageism의 금지라고 할 수 있다.

인 것이다. 즉, 나이를 이유로 고령자를 차별해서는 안 된다는 관점이 지배하고 있는 것이다. 이에 반해, 일본은 기업과 정부가 개입하여 고령자 취업을 촉진하는 정책을 취한다는 특징이 있다. 이러한 미국과 일본의 서로 다른 특징이 고령자의 노동시장 참여와 복지 차원에서 다양한 차이를 낳았다고 볼 수 있다.

(2) 고령자고용지원정책 수립의 배경

20세기에 산업화를 추진한 많은 나라가 경험한 것처럼, 일본에서도 1960-70년대 고도성장기에 많은 젊은이들이 지방에서 도쿄나 오사카로 노동자가 되기 위해 상경하였다. 젊은 노동력은 환영받았다. 하지만 그 당시 중고령 노동력은 환영받지 못했기 때문에 고령자들의 실업률은 매우 높았다. 일본의 고용시스템은 졸업 후 일괄 채용하는 것이다. 따라서 젊은 시절에 한 직장에 취업하면 정년까지 일하게 되지만(종신고용), 개인 차원에서 한 번 그 길이 끊기면 재취업이 어렵다는 위험성을 가지고 있다. 따라서 1970년에는 그에 대한 대책으로 〈중고령자고용촉진에 관한 법률〉(〈표 1〉 1971년 제정된 〈고령자고용안정법〉)이 만들어졌고, 동시에 실업대책사업과 공공사업이 시작되었다.

하지만 각 지역에서 실직한 사람들을 위한 공공사업을 진행하면서 예산을 많이 요구하는 지자체들이 나타나기 시작했다. 일본의 '실버인재센터'는 이러한 문제가 드러나면서 탄생했다. 실버인재센터는 고령자의 자조적self-help 삶을 기본 개념으로 하고 있다. 즉, 실버인재센터가 추구하는 것은 나라가 돈을 쏟아부어 실업대책을 추진하기보다는 고령자들도 자신의 힘으로 자신의 미래를 열어 달라는 것이었다. 다시 말하면 이제는 나라가 도움을 주는 가난하고 슬픈 고령자가 아니라 자립적이고 독립된 인격체로 열심히 살아야 함을 강조했다.

또 다른 측면에서 보면, 그 당시 일본은 고도성장기에 있었지만 고령자 고용문제는 어려움에 직면하고 있었기 때문에 일본 정부는 이를 해소하려는 목적도 있었다. 이와 더불어 실업대책을 재검토하고 노동시장을 정비하려는 목적 등 여러 가지 계산도 깔려 있었다. 고도성장기를 지나면서 젊은 사람은 얼마든지 취업할 수 있었지만 중고령층은 그렇지 못했다. 결국 그들은 비정규고용 형태의 싼 임금으로 일하지 않으면 안 되었다. 마침 그때 사카이야 다이치의 《단카이 세대》라는 소설이 나와서 '베이비부머들이 나이를 먹으면 일본은 어떻게 될 것인가' 하는 문제가 논의되기 시작했다. 일본이 초고령사회로 진행한다는 위기감 속에서 고령자들이 어떤 역할을 할 것인가가 일관된 고민이었고, 정부는 관련 정책을 실버인재센터를 설립하여 꾸준히 추진함으로써 소기의 성과를 올렸다고 평가받는다. 즉, 실버인재센터는 바로 고도성장기의 그늘에 처한 사람들을 위한 대책이었던 것이다.

(3) 고령자고용정책의 장점

일본의 고령자고용정책이 가장 높게 평가받는 점은 장기적인 시각에서 1985년부터 연금개혁과 고용정책을 동시에 시행했다는 것이다. 정부는 기업에 보조금을 지원하고 노동자에게는 보조금을 지급하거나 고용보험으로 대응하였다. 즉, 고령자를 실업자로 대응하여 고용보험에서 실업보험금을 지급하는 것이다. 이것은 '일을 하면 득이 많다'라는 메시지를 주었고 '기업도 노력하면 지원한다'라는 신호로 해석할 수 있었다. 일본에서는 노동자들이 일하는 것을 싫어하지 않고 비교적 일에 대한 의욕이 높다는 통계가 있다. 정부는 이에 부응하려고 노력하여 고령자들이 일할 수 있는 장소를 마련하고 그들이 일할 수 있게 유도했던 것이다.

한편, 유럽인과 일본인의 '일'에 대한 의식 차이도 고려할 만하다. 예를 들면 프랑스인의 경우 빨리 일을 그만두고 쉬고 싶어 한다. 정년이 60세여서 은퇴할 권리가 있기 때문에 65세에 연금을 받도록 제도를 변경하는 것을 찬성하지 않았다. 이에 비해 일본인의 경우는 퇴직하고도 일하고 싶은 경우가 많았지만, 무엇을 해야 할지 모르는 상황에 직면하였다. 양국의 대조적인 문화가 흥미롭다. 정책은 결국 이러한 문화적 차이를 반영해야 하고, 그렇기 때문에 정책적 차이가 발생하기도 한다.

(4) 고령자고용정책에서 기업의 대응

정부가 아무리 보조금을 지원해도 기업이 대응하지 않으면 의미가 없다. 사실 기업이 고령자를 고용하면 단점이 많다. 일본 대기업들은 55세 정년을 전제로 경력을 쌓아온 것이 전통이었기 때문에 60세에서 5년을 더 연장한다는 것은 아주 큰일이다. 물론 경기가 좋을 때는 가능하다. 고령자는 특별한 일을 하지 않아도 기업에 머물 수 있어서 좋았고, 기업은 고용해 준다는 생각으로 특별한 일이 없어도 여유 있는 대우를 해 주었다. 즉, 연공서열제의 전통에 따른 특징인 것이다. 그러나 경기가 나빠지면 그러한 상황은 역전된다.

일반적으로 일본인들의 취업행태를 보면, 대기업의 경우 고등학교를 졸업하고 18살, 또는 대학을 나와 22살에 취업한다. 그리고 60세까지 근무하게 된다. 인사 방침으로 무슨 일이든지 할 수 있는 사람을 육성하기 위해 다양한 경험을 시키지만 중도 채용은 거의 없다. 기업에서 기술자나 숙련공은 매우 중요한 인물들로서, 현장에서 경력을 쌓는다는 것이 화이트칼라와 다르다. 그래서 기업은 충성도를 끌어 내기 위해 장기고용, 연공서열 임금제도를 시행하였고, 노동조합과 노사협력적인 일본형 종신고용으로 정년을 맞이하는 고용문화를 만들었다.

하지만 일본형 종신고용제도의 정확한 실상은 기업에 부담으로 작용하는 시스템이었다. 기업주의 생각은 고령자가 향후 5년 더 과장직에 있으면 젊은 세대의 성장에 방해가 된다는 것이었다. 따라서 가장 전형적인 양태는 '수고하셨으니 60세 이상인 분들은 여기에 모여서 아무것도 하지 말고 신문을 읽으며 시간을 보내달라'는 것이었다. 정확하게 말하자면 기업들은 고령자에게 어떻게 일을 시킬 것인가의 문제에 직면하여 큰 어려움을 겪고 있다. 고령자 입장에서도 일이 없는데 회사에 계속 남아 있는 것이 매우 힘든 일이다. 정부는 보조금을 줄 테니 회사가 고용을 계속 유지해 달라고 하고, 기업은 알겠다고 하지만 무슨 일을 시켜야 될지 노사 모두 곤혹스러운 경우가 상당히 많다. 그래도 가시적으로 드러나는 일도 있다. 예를 들면 대기업의 경우 특별히 정한 일은 없고, 그동안의 경험을 살린다는 명목으로 출장을 보낸다. 예를 들어 미국에 공장을 지으면 초기에 가서 1년 정도 체제하고 돌아오는 형태가 있다. 실제로 지시가 있으면 혼자서 일본 국내나 세계 어디라도 간다.

반면, 큰 기업과는 달리 중소기업은 오히려 유연한 측면이 있다. 연령에 관계없이 건강하고 의욕만 있으면 일할 수 있는 곳들이 많다. 특히 영세기업에는 60-70대까지 일할 수 있는 시스템이 있다.

(5) 임금피크제도 도입

분명히 자본주의 체제에서 고령자는 경영자에게 마이너스가 된다. 도움이 되는 사람은 고용하지만 젊은 사람들에게 방해가 되서는 안 된다. 솔직히 경영자는 5년간 고령 노동자에게 무엇을 시켜야 될지 모른다. 물론 고령자는 급여가 절반 정도로 떨어지긴 하지만, 토요타 등 여러 대기업들은 거의 같은 어려움을 경험하고 있는 상황이다.

2006년 〈고령자고용촉진법〉이 개정되면서 희망자에 대해서는 원칙적으로 모두 65세까지 고용해야 한다. 다시 말해서 임금은 저렴해도 좋으니 65세까지는 고용해 달라는 것이다. 노동조건에 대해서는 국가가 제한을 두지 않았다. 공평한 임금 등에 대한 기준은 정하지 않고 회사에게 어떻게든 고용해 달라는 것이다. 60세부터는 평균적으로 임금이 절반이 된다. 그래도 좋다면 일할 수 있되, 싫으면 법률상 희망하지 않는 것으로 처리되어 회사는 고용하지 않을 수 있다. 일부에서는 차별적이라고 비판하는 경우도 있다. 특히 근로자 측은 차별적이라고 생각한다. 하지만 기업 측에서는 반대로 상당히 잘 대응하고 있다고 생각한다.

결국 노사 간 타협이 필요하며, 그 결과물 중의 하나가 임금피크제다. 급여는 절반이 되지만 정부의 보조금이 있다. 이것은 정부가 고령자고용에 대해 보조금을 지급하는 것인데, 계속적으로 일하는 근로자에게는 보조금이 추가되어 급여는 절반이지만 잘하면 70-75퍼센트까지 받을 수 있다. 정부가 계속 고용된 근로자에게 보조금을 지급하여 낮은 임금을 지원해 줌으로써 고용을 계속 유지하게 만드는 방법인 것이다.

(6) 고령자를 위한 노동시장 - 실버인재센터

실버인재센터는 고령자를 위한 직업시장이다. 처음에는 삶의 보람을 위한 일자리였는데, 지금은 생활과 수입을 위한 일자리로 바뀌고 있다. 이러한 현상은 가난한 고령자들이 늘고 있다는 의미다. 그렇다고 국가의 공공직업안정소인 '헬로워크[4]에 가도 대부분의 고령자들은 좋은 일자리를 소개받을 수 없다. 그런 의미에서 실버인재센터는 고령자들을 위한 노동시장의 일환으로서 매우 중요한 역할을 해 왔다. 물론 이러한 변화를 비판하는 사람들도 있

---

4 헬로워크(Hello Work)의 정식명칭은 공공직업안정소이지만 헬로워크로 더 많이 통용된다. 헬로워크는 공적 기관으로 고령자뿐만 아니라, 모든 구직자들을 위한 정규적인 직업소개소다. 구체적인 내용은 1부 3장에서 소개한다.

다. 민간에서는 정부가 이러한 직업알선을 하면 안 된다고 주장하는 것이다. 그럼에도 불구하고 실버인재센터의 역할은 앞으로 점점 더 중요해질 것이다. 실버인재센터 입장에서 보면 지금까지는 고령자의 삶(생활)을 지원하였는데, 이제는 사업의 중심이 노동시장으로 변화한 것이다. 즉, 국가의 정책변화로 인해 갑자기 노동시장에 뛰어들어 수입이 있는 일을 소개하는 사업을 중점적으로 하게 되었다는 딜레마에 직면하였다. 역할의 중심이 변화하게 된 것이다. 어려움을 증가시키는 또 다른 변수는 고령자를 위한 노동시장의 성격이 변했다는 것이다. 직업안정소에는 60세가 넘은 사람이 일할 수 있는 곳이 거의 없다. 기업에 연장 고용되는 것은 가능해도 전혀 관계없던 일을 고령자가 새로 시작하는 것은 결코 쉬운 일이 아니기 때문이다.

이처럼 실버인재센터는 고령자들에게 경제활동의 기회를 제공해 주는 중요한 역할을 하고 있다. 하지만 현실적으로 실버인재센터는 기대했던 만큼 확대되지 못하고 있으며, 참여자들의 고령화도 진행되고 있다. 통계를 보면 전국적으로 실버인재센터의 회원은 약 70만 명인데, 회원이 좀처럼 늘지 않는다. 10년 전부터 100만 명을 달성하려고 계획을 세웠지만 아직 목표에 도달하지 못하고 있다. 그 이유 중 하나가 법률의 변화다. 실버인재센터의 가입조건은 60세인데, 〈고령자고용촉진법〉으로 인해 65세까지 일하는 사람이 늘면 잠재적인 회원층이 줄어들게 된다. 노동시장에서 일하지 않는 고령자 수가 많아야 목표치인 70만 명의 회원 수가 충족되는 모순된 구조인 것이다. 이러한 구조에서는 실버인재센터에 가입하는 회원의 연령이 더 높아질 수밖에 없다. 실제로 지금 실버 인재센터의 평균 연령은 70세를 넘고 있다. 과거에 비해 실버인재 센터도 고령화되고 있는 것이다.

2) 야마시타 요시히로 과장보좌

필진들은 일본 중앙정부 차원에서 추진하고 있는 고령자고용대 책에 관한 구체적인 정보를 얻기 위해 우리나라 보건복지부 및 고 용노동부에 해당하는 후생노동성[5]을 찾았다. 후생노동성은 일본 의 주요 행정기관들이 밀집해 있는 도쿄시 가스미가세키 지구에 위치해 있다. 우리는 후생노동성이 있는 중앙합동청사 5호관에서 후생노동성 직업안정국 고용개발부 고령자고용대책과의 과장보 좌인 야마시타 요시히로 씨를 만났다. 그는 바쁜 일정 중에 시간 을 내서 인터뷰에 응해 주었다. 야마시타 씨는 준비된 브리핑 자 료를 토대로 인터뷰 전반에 걸쳐 사견을 내세우기보다는 일본 고 령자고용정책을 소개하고, 데이터를 근거로 정책수립의 타당성을 비교적 객관적으로 설명하였다.

(1) 고령자고용대책의 배경과 내용

일본이 고령자고용확보를 포함한 고령자고용대책을 준비하게

---

5   고령자고용대책은 후생노동성이 주무부처로서 관리한다. 그 외 각 도도부현의 노동국이나 경찰청 교통국 등에서도 고령자 관련 업무를 진행하고, 평생학습은 문부과학성에서 담당하 고 있다. 내각부도 매년 《고령사회백서》를 출간하는 등 세부 사업별로 관할 부처가 분리되 어 있다.

〈후생노동성에서 인터뷰 중인 야마시타 요시히로 과장보좌〉

된 배경에는 연금수급을 지적하지 않을 수 없다. 60세 정년 이후부터 연금개시 연령까지 5년의 공백이 존재하는데, 고령자 개인과 일본 정부로서는 이에 대응할 필요가 있었다. 저출산 고령화가 진행됨에 따라 고령자의 노동력이 주목받게 되었고, 또 그것을 어떻게 제도화해 나갈 것인지가 과제가 되었다. 일본 사회에서 기존의 60세 정년제도는 고도경제 성장기에 인력확보를 위해 '평생 현역'이라는 구호와 함께 직원들의 복리후생을 위해 정착되었다. 실제로 버블경기 때는 오랜 기간 노동력 부족이 이어지기도 하였다. 일본은 현재 저출산 고령화로 인해 노동력 부족이 가속화되면서, 고용된 사람들이 짧은 기간 일하고 그만두면 회사로서도 피해가 크기 때문에 고령자들의 고용을 지속시키고자 하는 방향으로 제도를 정비하였다. 그 내용을 보면, 현재 기업 대상으로 시행되고 있는 정년제 관련 대책은 크게 '계속고용', '정년연장', '정년제 폐지'로 구분되어 있다. 기업은 이 대책 중 하나를 반드시 택해야 하는데, 현재는 계속고용을 선택하는 기업의 비율이 80%로 가장 높고, 그 다음이 정년연장이고, 가장 적은 것이 정년제 폐지다. 기업의 입장에서는 세 가지 선택지 모두 비용부담을 안을 수밖에 없는데, 그나마 가장 대응하기 쉬운 것이 계속고용이다. 정년연장을 선택하는 경우, 기업은 임금체계를 근본적으로 개정해야 하고 입사해서 마지막 퇴사할 때까지의 급여 시스템도 근본적으로 정비해야 한다. 정년제 폐지는 다시 말해 '언제까지라도 회사에 남아 있어도 좋다'라는 것이다. 그러므로 해고를 자유롭게 할 수 없어서 종신고용을 전제로 하고 있는 일본 사회에서는 기업이 이 제도를 수용하기가 쉽지 않다.

기업 입장에서 정년제 대책의 도입은 좋든 싫든 의무라고 할 수 있는데, 정부는 정년제 대책을 도입한 기업에게 인센티브를 준다. 그중에는 고령자고용 관련 조성금이 있는데, 이는 고령자들이 65세까지 고용기회를 확보하고 70세까지 일할 수 있는 기업을 확대하기 위해 지원하는 것이다. 예를 들어 중소기업을 대상으로 정년연장에 대한 장려금을 지급한다. 그 내용을 보면 65세 이상으로 정년연장, 정년규정 폐지, 65세까지 계속고용제도를 도입하거나 그 외에도 고령자의 근무시간 다양화를 위해 노력하는 중소기업 사업주에게는 일정액(20~60만 엔)을 지급한다. 2010년도 실적을 보면 5,256건에 대해 36억 2,900만 엔이 지급되었다. 또는 희망자 전원이 65세까지 일할 수 있는 제도나 70세까지 일할 수 있는 제도도 입에 맞추어 고령자를 위한 직역확대나 고용관리제도를 구축하려는 사업주에게 대책에 소요된 비용의 1/3을 지급하는 고령자 직무확대 장려금(상한 500만 엔)이 있다. 그리고 고령자나 장애인 등 취업이 어려운 사람들을 헬로워크 등을 통해 계속 고용하면 사업주에게 임금의 일부를 조성금으로 지원하는 특정구직자고용개발 지원금도 있다.

그 외에도 새로운 고용 시스템을 도입할 때는 노무사 등과 계약을 해야 하는데, 이때 발생하는 비용을 정부가 지원하고 있다. 반면

〈후생노동성이 있는 빌딩〉

이 시스템을 도입하지 않는 기업에 대해서는 지도를 하거나 기업명을 공개하는 수준의 경고조치를 취하게 되어 있다. 그러나 현재까지 이 조치가 가해진 적은 없었다. 어쨌든 이를 통해 65세까지의 계속고용이 일본 기업에 기본적으로 도입되었다고 볼 수 있다.

사실 기업 입장에서는 고령자고용연장과 관련된 국가정책이 비용 면에서 부담이 될 수도 있겠지만, 기본적으로 시행 전에 많은 대화와 협의를 거쳤기 때문에 저항이 크지 않다. 더구나 일본은 원래 한 회사에서 평생 일하는 종신고용의 형태를 취해 왔고, 이 제도는 그것을 다소 늘리는 것이므로 크게 무리가 없다고 본다. 실제로 중소기업에서는 이미 통상적으로 정년 이후에도 계속 고용했던 점도 원만한 제도정착의 배경이라고 볼 수 있다.

(2) 계속고용 고령자의 고용형태

계속고용의 경우 몇 가지의 고용형태가 있다. 기본적으로는 정년을 기점으로 하루 8시간 종일근무를 일주일에 3일만 하거나, 하루에 3-5시간만 근무하는 등 정년 전에 비해 노동시간을 단축하는 형태로 재계약한다. 아니면 일선에서 한발 물러나 관리자로서 재고용되는 형태로 계약을 하기도 한다. 이 경우는 계속고용이므로 1년마다 재계약을 갱신하게 된다. 계약은 노사 간 협상으로 이루어진다. 임금수준의 타협이 잘 이루어지지 않을 경우에는 개별적인 재판을 통해 해결할 수 있다. 그리고 기업의 현재 수입으로 일정 수준 이상의 급여지불이 불가능한 경우에는 노동자가 원하는 수준의 협상이 이루어지지 않을 수 있다. 또는 정년 전에 비해 근로시간이 단축되거나 책임이 줄어든 업무를 맡게 되면 급여수준은 낮아질 수밖에 없다. 그러나 근로시간이나 업무 자체에 변화가 없는 경우에는 정년연장 후에도 임금변화는 크게 없다. 왜냐하면 정년 이전에도 55세에서 60세 정년 시까지는 임금피크를 이룬 뒤 임금이 점차 감소하는 것이 일반적이기 때문이다. 하지만 제조업 등에서는 완만한 커브를 그리는 경우도 볼 수 있다.

한편 2017년 1월부터 법이 개정되어 계속고용자는 60세 이후에도 고용보험의 피보험자로 가입이 가능하게 되었다. 60세 전부터 계속 일해 오던 사람은 이미 지속적으로 고용보험이 적용되었지만, 이번 개정으로 정년 이후에 새로 고용된 경우도 피보험자의 요건을 충족시키면 고용보험 가입이 가능해져서 현역 세대와 완전히 동일한 대우를 받게 되었다. 또한 고령자는 구직 시에 고용보험의 가입요건을 충족하면 보험에 가입할 수 있고 일을 그만두면 실업급여도 받을 수 있다. 이러한 여건이 마련됨에 따라 점차 고령자의 취업의욕이 증대될 것으로 기대한다.

(3) 고령자 취업률 목표와 이를 위한 사회변화

현재 일본에서는 65세 이상 고령자의 21.7%만이 취업하고 있다. 한 설문조사에서는 65세까지 근로를 희망하는 사람이 응답자의 70% 정도로 나타나, 그들의 취업수요와 현실적인 취업률 간의 간극을 어떻게 줄여 나갈지가 향후 과제다. 취업을 희망하는 고령자들이 모두 일할 수 있도록 하는 것이 국가 차원의 궁극적인 목표다.

그런데 그 실현 방안을 논의할 때는 연령별 특성을 잘 고려해야 하며, 많은 고령자를 품은 사회가 어떠한 방향으로 나아가야 하는지에 대한 고민이 동반되어야 한다. 노화 정도에 따라 일하고 싶은 내용도 달라지는데, 예컨대 60대와 70대는 체력, 생각 등이 바뀌어 가므로 일에 대한 의미도 달라진다. 또한 초고령사회가 가속화되는 일본에서 총인구가 감소하는 가운데 출생자는 줄고 노인 인구는 갈수록 증가하고 있다. 그러므로 사회는 이들을 적극적으로 활용할 방안을 모색해야 한다. 젊은 세대가 하던 일들도 고령자로 대체되어야 하고, 자동적으로 사회는 그러한 시스템으로 고령자를 활용하지 않으면 안 되는 상황이 되어 가는 것이다. 무엇보다 고령자가 적극적으로 활동할 수 있는 사회를 구현하는 것이 중요하다.

따라서 기업의 생각과 사회의 통념을 바꾸고, 좋은 사례들을 알리는 것이 중요할 것이다. 기업의 신진대사를 높이기 위해서는 젊은 인력을 채용하고 고령자를 빨리 퇴직시키는 것이 자연스러운 일이지만, 어떠한 방식으로 고령자를 오랫동안 일하게 할 수 있을까 또는 중도채용으로 고령자를 채용할 수 있을까 등 기업 스스로의 상황을 고려하며 대응할 필요가 있다.

(4) 고령자고용대책의 효과 및 제도의 향방

일본의 법적 정년은 60세이지만, 지금은 고령자들이 65세까지 여러 가지 형태로 일을 하고 있다. 예컨대 65세까지 고용연장이 된 경우도 있을 것이고, 60세 정년 이후 비정규직으로 65세까지 일하는 형태 등 다양할 것이다. 야마시타 씨는 이러한 대책을 매우 긍정적으로 평가하였다. 즉, 고령자가 희망하면 65세까지는 고용해야 하는 시스템으로 바뀌었기 때문에 회사에 남는 고령자들이 증가하였고, 이들이 급여를 받으면서 일할 수 있게 된 것은 분명 사회로서도 이득이라는 관점이다. 건강하게 일할 수 있는 고령자들이 증가하는 것은 사회적으로 의료비 절감에도 영향을 미친다는 주장도 있다. 또한 지금까지는 고령자들이 60세 정년 이후 무기력했지만, 65세까지 회사에서 역할을 한다는 것은 매우 긍정적으로 볼 수 있는 부분이다. 일본 정부로서는 이러한 고령자고용대책의 개인적·사회적 차원의 긍정적 영향을 감지하고 생산적인 노년기를 연장하기 위해 노력하고 있다.

또한 기업들은 인력부족 문제를 해소하기 위해 여러 가지를 모색하고 있다. 편의점에서는 계산대 업무에 모두 고령자를 활용하는 경우도 있을 정도다. 사실상 10대 후반의 아르바이트생과 65세 고령자의 급여가 다르지 않지만, 퇴직한 고령자의 경우 연금과 퇴직금을 받기 때문에 요구 수준 자체가 그리 높지 않다. 경우에 따라서는 손님을 대하는 기술이나 근무태도 등이 젊은이보다 훨씬 더 좋을 수 있다는 장점도 있다. 게다가 인력부족 문제가 불거져나오는 이 시점에서 앞으로 고령자를 어떻게 활용하는가는 사회적으로 큰 문제이기도 하다. 따라서 이제는 그 연장선상에서 고령자고용대책의 효과를 논해야 할 것이다.

일부에서는 고령자 취업이 청년 취업에 맞물려 있지 않느냐는 시각이 존재한다. 그러나 65세까지 정년연장을 도입한 기업들의 공청회 결과를 보면, 고령자 취업으로 인해 청년세대의 신규채용이 영향을 받지 않는다고 한다. 기본적으로는 어떠한 시스템을 정비해도 경기에 따라 중도채용이나 정리해고를 하게 되므로 고령자만의 문제는 아닐 것이다. 다만 기업은 계속고용 등과 같은 고령자고용대책으로 인해 비용이 계속 들게 되는 것은 사실이기에, 단축근무 형식으로 고령자에 대한 비용지출을 줄이게 되면 청년들에게 더 많은 기회가 제공될 수 있을 것이다. 그럼에도 불구하고 일본 정부의 입장은 고령자와 청년에게 요구되는 바가 다르기 때문에, 고령자 정년연장이 청년들의 일자리를 직접적으로 위협하지는 않을 것으로 기대한다.

한편 이 제도의 지속가능성 측면에서 보면, 연금지급 개시시점이 2030년부터 65세로 변경되기 때문에 그 시점이 변수가 될 수 있다. 그리고 현재로서는 계속고용의 비율이 가장 많지만, 정년연장의 비율이 늘면 65세 정년으로 개정될 가능성도 있다. 그러나 이와 같이 여러 가지 정책적 수단을 동원하고 있지만 이 역시도 한계가 있기 때문에 무리한 정년제를 강요하기는 어렵다. 따라서 지금 시행하고 있는 제도를 충실하게 실시하여 성과를 내는 것이 현 단계에서는 더 중요할 것이다.

(5) 고령자 취업지원을 위한 공적 시스템 - 공공직업안정소 헬로워크

헬로워크는 고령자뿐만 아니라 일반 구직자들을 위한 직업소개 사업을 하는 곳이다. 일본에는 헬로워크를 포함하여 고령자고용을 담당하는 기관으로 실버인재센터와 NPO 등이 있다. 그 중 헬

로워크는 실버인재센터나 NPO 등과 달리 공공기관이므로 더 중요한 기관이라 할 수 있으며, 삶의 보람을 위한 사회참여 연계보다는 경제활동을 위한 직업소개 및 직업훈련을 더 중시한다는 특징이 있다.

헬로워크에서는 실업자나 구직자가 고용보험을 받기 위한 수속이 이루어지고, 구직의향 여부를 확인 후 취업지원을 하는 등 정규적인 직업소개소로서 기능을 한다. 이에 비해 실버인재센터의 목적은 '보람취업'으로, 몸을 움직이고 건강한 노후를 보내기 위한 여가활용을 지원하는 정도이기 때문에 돈을 버는 것이 우선적이지는 않다. 그리고 2016년 기준으로 실버인재센터 회원들의 평균 연령은 71.5세였다. 예전에는 60세 정년 후 실버인재센터에 가입하는 사람이 많았으나, 지금은 65세까지 고용연장이 되므로 실버인재센터 가입연령이 높아지고 있다. NPO는 지역사회 구성원들에게 필요한 서비스를 비영리적인 수단을 통해 제공하는 것을 목적으로 한다. 따라서 실버인재센터나 NPO는 영리를 추구하는 민간기업에 필요한 노동력을 연계해 주는 헬로워크와는 다르다.

(6) 지역 기반의 고령자 취업지원사업

헬로워크의 사업 중에는 지역 기반의 고령자 취업지원으로 '평생현역촉진 연계사업'이 있다. 지방자치단체들은 지역의 요구에 따라 고령자고용이 필요하다면 관계자들을 모아 협의체를 만들 수 있게 되어 있다. 그리고 협의체는 필요한 정책이 있으면 기획하여 노동성에 제안하고, 위탁사업으로 받아서 운영하게 된다. 즉, 지방자치단체가 지역의 고령자고용이라는 활동에 대해 국가에서 위탁비를 받아 운영하는 형태다.

고령자고용의 경우에도 지자체마다 안고 있는 문제가 다르기 때문에 필요에 따라 관계자와 협의하여 공공직업안정소와 노동국이 협력하는 형태를 취한다. 예를 들면 해당 지역에서 활동하고 있는 NPO 등을 모으고 현과 협의하여 고령자고용촉진을 위한 사업을 실시하는데, 그것이 효과가 있다고 생각되면 국가는 위탁비를 제공하고 사업을 진행하게 한다.

특히 이 사업은 도시뿐만 아니라 지방에서도 활발하게 응모하고 있다. 농촌 같은 과소過疏지역이나 도시는 각자 나름의 문제가 있기 때문이다. 각 지자체가 그 지역 문제를 어떻게 생각하느냐에 따라 고령자고용에 대해서도 관심 정도가 다르고, 관심이 있으면 이 사업에 응모하게 되는 것이다. 경비가 초과되는 경우는 국가예산에 더해 지자체가 책임져야 한다. 그리고 단년도 사업이기에 계속하고 싶다면 의미 있는 성과가 나와야 한다. 왜냐하면 언제까지 공공예산으로 이어갈 수는 없기 때문이다. 따라서 사업을 잘 수행하여 수익을 창출하고 참여 고령자들에게 급여를 제공할 수 있어야 한다. 현재 20개 정도의 사업이 시범사업 수준으로 진행되고 있다. 해당 지역협의체에서는 관련된 기관, 기업, 관계자들을 모으고 취업지원을 활성화하고 있다. 중앙정부 차원에서도 예산을 확보하는 것이 그리 쉬운 일은 아니다. 결국 지자체가 스스로의 사업을 수행해 가는데 국가가 측면에서 지원하는 형태로 이루어진다고 보면 된다.

제3장

고령자 경제활동을 위한
지원체계

1. 일본의 고령자 경제활동 지원체계

일본 정부는 고령자들의 경제활동을 적극적으로 지원하고 활성화시키기 위해 1971년에 〈고령자고용안정법〉을 제정하였다. 이 법은 그동안 여러 차례 개정을 거치면서 현재도 고령자들의 사회 참여를 촉진하는 근간이 되고 있다. 이 법에 따라 설립된 고령자 고용 관련 기관들은 공공이 운영하거나 공공의 위탁을 받은 민간이 또는 비영리법인이나 순수 민간이 직접 운영하는 등 다양한 체계로 이루어져 있다. 이 책에서는 고령자 경제활동을 지원하는 체계를 [그림 6]과 같이 구성해 보았다.

우선 중앙정부는 일본 고령자들의 경제활동 지원촉진 및 활성화의 근간이 되는 〈고령자고용안정법〉을 실행하는 주체로서, 고령자 경제활동을 주관하는 지원체계에 대해 직간접적으로 영향력

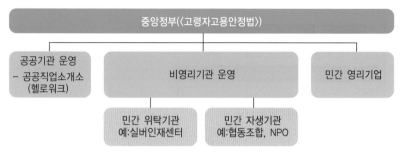

[그림 6] 일본의 고령자 경제활동 지원체계

을 행사할 수 있다. 지원체계는 공공기관, 비영리기관, 민간기업의 세 영역으로 구분하였다. 각 영역별로 고령자 경제활동 지원기관의 운영실태를 살펴본다.

2. 공공이 운영하는 기관

1) 헬로워크

일본의 각 지자체에는 공공이 운영하는 직업소개소인 헬로워크가 있다. 필자들은 지바현 마츠도시의 마츠도 헬로워크를 방문하여 가토리 차장을 포함하여 다섯 명의 공무원을 인터뷰하였다. 인터뷰한 내용을 다음과 같이 정리하였다.

공공직업소개소 헬로워크는 고령자를 포함하여 모든 연령층의 구직자를 대상으로 일한다. 헬로워크는 2016년 현재 전국 465곳의 지자체에 설치되어 있으며, 지점을 포함하면 523개소가 운영되고 있다. 헬로워크 사업 중 고령자 대상 사업의 취지는 크게 두 가지로 볼 수 있다. 하나는 저출산 고령화로 인한 노동력 감소에 대응하여 고령 노동력을 적극 활용하자는 것이다. 또 다른 하나는 퇴직후 재취업으로 연계하여 고령자들의 빈곤을 예방하고 정부의 복지예산도 절감하자는 것이다. 이에 따라 헬로워크는 고령의 구직자들에게 퇴직 후의 재취업이나 이직 시에 도움을 줄 수 있는 제반서비스를 제공하고, 그중에서도 고령자취업 종합지원사업에 주력하고 있다. 구체적인 업무로는 재취업이나 이직 시에 필요한 상담이나 지원을 해 주거나, 구직자에게 적성과 희망에 맞는 직업소개, 고용보험 수급절차를 안내한다. 고용주에게는 고용보험, 고용에 관한 국가의 조성금 안내, 보조금 신청창구 업무, 구인절차 지원 등의 행정 서비스를 제공한다. 또한 고령 구직자를 위한 특별원조

〈인터뷰에 참석한 가토리 차장(맨 왼쪽)과 네 명의 공무원들〉

〈헬로워크 상담창구(상)와 구인구직 코너(하)〉

ひと、くらし、みらいのために

厚生労働省
Ministry of Health, Labour and Welfare

● ホーム

▸ 本文へ　　▸ お問い合わせ窓口　　▸ よくある御質問　　▸ サイトマップ　　▸ 国民参加の場

Google カスタム検索　　　　　　　🔍 検索

| テーマ別に探す | 報道・広報 | 政策について | 厚生労働省について | 統計情報・白書 | 所管の法令等 | 申請・募集・情報公開 |

🏠 ホーム > 政策について > 分野別の政策一覧 > 雇用・労働 > 雇用 > ハローワーク

ハローワーク

民間の職業紹介事業等では就職へ結びつけることが難しい就職困難者を中心に支援する最後のセーフティネットとしての役割を担っています。また、地域の総合的雇用サービス機関として、職業紹介、雇用保険、雇用対策などの業務を一体的に実施しています。

ハローワークの組織

▌組織の位置づけ

厚生労働省からの指示を受け、都道府県労働局が地域の産業・雇用失業情勢に応じた雇用対策を展開しています。ハローワークはその窓口となっています。

▌内部組織及びその業務内容

職業紹介・雇用保険・雇用対策を一体的に実施するため、それぞれのハローワークでは、各種部門ごとに所掌業務に取り組んでいます。

専門的な相談ができる様々なハローワークなど

▸ 📄 新卒応援ハローワーク[PDF形式:336KB] ⧉
▸ 📄 わかものハローワーク[PDF形式:237KB] ⧉
▸ マザーズハローワーク
▸ ふるさとハローワーク

● 政策について

● 分野別の政策一覧

▸ 健康・医療

▸ 子ども・子育て

▸ 福祉・介護

▸ 雇用・労働

　▸ 雇用

　　▸ 人材開発

　　▸ 労働基準

　　▸ 雇用均等

　　▸ 非正規雇用(有期・パート・派遣労働)

　　▸ 労使関係

　　▸ 労働政策全般

　　▸ 相談窓口等

　▸ 年金

▸ 他分野の取り組み

〈후생노동성 헬로워크 관련 홈페이지〉

창구인 생애지원코너를 설치하여 담당자 관리하에 생애설계를 위한 취업계획서 작성 및 상담, 직업훈련 알선 등을 해 준다. 생애지원코너는 일반 지원코너에 비해 고령자 취업률을 높이는 데 더 효과적이라고 평가된다.

한편 헬로워크는 운영에 필요한 예산 중 직원 인건비는 후생노동성으로부터 전액을 지원받는다. 그러나 인터뷰 과정에서 가토리 차장은 사업을 충실히 수행하기 위해서는 직원이 더 충원되어야 한다면서 운영상의 어려움을 나타내기도 했다. 아마도 이런 문제는 공공기관인 모든 헬로워크의 공통점일 것이라 짐작된다.

헬로워크의 사업을 요약하자면 은퇴 전 경제활동 수준에 버금가는 일자리를 연계하기 위한 지원을 하는 것이다. 따라서 연계가 되면 서비스를 신청한 고령자는 헬로워크를 통해 자신이 희망하던 수준의 일자리에 연결됨으로써 노년기 이전에 일하던 노동시장에 더 남게 된다. 또한 헬로워크의 입장에서 보면 정부의 큰 고용정책의 틀 안에서 사회안전망의 기능을 수행하는 것이다. 이는 헬로워크 자체가 원래 평생현역을 목표로 전 연령에 대해 구인구직을 연결하기 위해 설립되었기 때문에 가능하다. 따라서 정규직 취업을 희망하는 고령자들은 다른 연령대 못지않게 헬로워크에 많이 찾아오게 된다.

헬로워크의 가장 큰 특징은 국가기관으로서 국가의 큰 정책적 틀 안에서 사회안전망의 기능을 수행한다는 점이다. 고령자들 중에는 정규직의 취업을 희망하는 사람들이 많이 찾아온다. 이는 헬로워크 자체가 평생현역을 목표로 하여 구인구직을 연결하기 위해 세워졌기 때문이다. 그런데 고령자들은 건강상의 이유 등으로 임시직, 단기직을 희망하는 경우도 많다. 그래서 월 10일 미만, 주 2-3일, 하루 3-4시간 정도로 일하고 싶다는 이들에게는 보람취업의 성격을 가진 실버인재센터로 연계하는 경우도 있다. 그러나 고령자뿐만 아니라 많은 사람들의 삶의 형태가 다변화됨에 따라 헬로워크의 역할도 다양해져야 할 필요성이 제기되고 있다.

(1) 마츠도 헬로워크

공공기관인 헬로워크는 전국 모든 지역에서 원칙적으로 동일한 서비스를 제공한다. 하지만 마츠도시처럼 인구가 많은 지역에서는 헬로워크가 기본적인 서비스에 더해 추가 서비스를 제공하기도 한다. 마츠도 헬로워크에서는 추가 서비스로서 특별코너를 설치하거나 독자적인 사업을 한다. 특별코너 중 고령자를 위한 생애지원창구를 이용한 방문자는 2015년도 기준으로 590명인데, 그중 정규직 희망자가 370명이었고, 정규직 희망자 중 취업에 성공한 사람은 174명이었다.

마츠도 헬로워크는 고령자 대상의 생애지원부서뿐만 아니라 장애인이나 외국인을 위한 부서도 별도로 설치하여 전문적으로 대응하고 있다. 전국적으로 이처럼 큰 규모로 사업을 하고 있는 헬로워크는 많지 않다. 하지만 경제활동의 수요가 많아지고 있어 향후에는 다양한 사업을 수행하는 헬로워크가 더 증가할 것으로 전망된다.

고령자 취업지원을 위한 생애지원코너

마츠도 헬로워크의 서비스 중 고령자들을 위해 특화된 생애지원
코너에 대해 좀 더 살펴보았다. 생애지원코너는 특별지원창구로
서 일반 지원코너에 신청하는 것보다 취업시기를 앞당길 수 있으
며 고령자 취업률 향상에 효과적이라고 평가되고 있다. 가토리 차
장과의 인터뷰를 통해 그 이유를 알게 되었다. 생애지원코너의 직
원은 총 5명으로, 고령자취업 종합지원사업 담당책임자이자 팀의
리더 1명, 네비게이터 2명, 어드바이저 2명으로 구성되어 있다. 이
창구의 지원대상은 구직활동을 하는 55세 이상의 고령자이며, 지
원기간은 3개월이다. 그러나 상황에 따라서는 3개월 더 연장하여
최대 6개월까지 지원해 준다.

이 팀의 서비스 내용은 대상 고령자의 생애설계 취업계획서 작

〈마츠도 헬로워크 간담회〉

성, 직업생활설계를 위한 상담지원, 취업절차를 위한 안내, 담당자 관리하의 취업지원, 시범고용, 직장체험강습, 공공 직업훈련교육 수강알선, 구직자 지원제도 이용안내, 시니어워크 지역사업 안내 등이다. 생애지원코너가 일반지원코너와 다른 점 중 한 가지는 담당자에 의한 관리라는 특성이 있다는 것이다. 즉, 신청자별로 담당자를 지정하는 것이다. 그리고 담당자인 어드바이저는 고령자에게 개별적으로 대응하여 취업계획을 세우는데, 이때 배우자 유무, 연금수령액, 지출 수준 등을 파악하여 어느 정도의 수입이 추가로 필요할지 상담해 준다. 또한 이러한 지원 서비스를 받은 후 고령자는 '시범고용' 형태로 한시적으로 채용이 되며, 일정 기간 뒤 본인과 고용주가 모두 만족하면 정식으로 채용된다. 시범고용

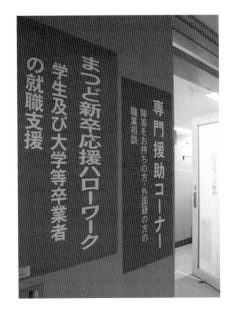

〈마츠도 헬로워크의 입구 벽에 붙어 있는 안내문구〉

"학생·대학졸업자에 대한 취업지원" (좌), "장애인 및 외국인 취업상담을 위한 전문원조 코너"(우)

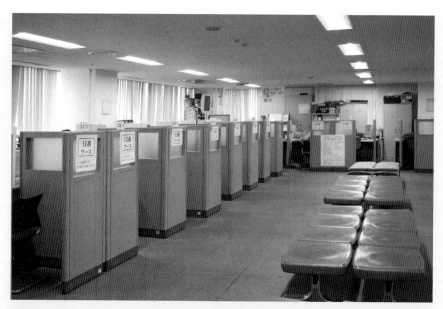

〈마츠도 헬로워크의 취업상담 창구(상)와 고령자를 위한 생애현역지원 코너(하)〉

기간은 3개월이다. 이런 개별화되고 유연한 전략은 취업 성공률을 높이는 데 영향을 미쳤을 것으로 짐작된다.

마츠도시에서 생애지원코너를 통해 취업에 성공한 남성들이 주로 취업된 곳은 제조공정, 건물·맨션 관리직, 보안경비, 운전업무, 서비스, 청소 업체이며, 여성의 경우는 서비스, 접객, 사무, 생산공정, 판매, 전문기술, 요양 등이 주를 이루었다. 가토리 차장은 최근 65세 이상 취업군의 성장이 두드러지고 있으며, 특히 베이비붐 세대(1947-49년생)의 적극적인 구직신청으로 인해 고령 취업률이 급격히 상승하고 있다고 하였다. 인구가 점차 증가하고 있음을 감안하면 헬로워크의 고령자 취업 지원의 필요성은 더욱 증가할 것으로 예상된다.

임금은 직종에 따라 다르다. 예를 들어 정규직 풀타임으로 근무하는 아파트 관리인의 경우, 지바현 내에서는 15만 엔(원화로 160만 원) 정도의 월급을 받는다. 대졸자 초봉이 20만 엔이 조금 넘는 수준이니 거기에는 미치지 못하지만, 그들이 받는 연금까지 고려한다면 생계에 크게 부족함은 없을 것이라고 가토리 차장은 설명했다.

(2) 시니어 잡스타일 가나가와

헬로워크의 또 다른 형태를 도쿄와 인접한 가나가와현에서 만날 수 있었다. 가나가와현의 경우는 취업상담을 주로 하는 '시니어 잡스타일 가나가와'라는 사업을 통해 헬로워크의 기능도 동시에 수행하고 있었다. 헬로워크는 후생노동성 관할이며, 시니어 잡스타일은 노동국 관할이다. 일본 정부는 5년 전부터 중앙의 두 부처에 나눠져 있던 관련 사업을 국가모델사업으로 묶어서 실시하기 시작했다.

이 절에서는 시니어 잡스타일 가나가와를 방문하여 가나가와현 산업노동국 고용대책과 통합매니저인 사지 가츠오 씨와 인터뷰한 내용을 정리하였다.

시니어 잡스타일 가나가와의 시스템과 주 업무내용

가나가와현에서는 2007년부터 고용대책과에 시니어 잡스타일이라는 직업상담소를 설치하여 운영해 왔다. 이 기관의 목표는 직업상담을 통해 취업으로 연결되도록 하는 것이다. 시니어 잡

〈시니어 잡스타일 가나가와의 통합매니저 사지 가츠오 씨〉

스타일에서는 월-토요일까지 40세 이상의 중노년층을 대상으로 종합상담 창구를 개설하여 구직자를 위한 상담과 지원을 해 주고 있다.

시니어 잡스타일에 등록한 회원 수는 2015년 현재 등록카드 작성자 기준 월 200명이며, 대략 연간 2,400명으로 집계된다. 대상자들은 무료로 등록신청을 할 수 있으며, 리먼 쇼크 직후에는 경기가 좋지 않아 한 달에 1,000명 정도까지 치솟은 적도 있다. 전체 등록자 중 60-64세가 23%, 65세 이상이 10% 정도를 차지한다. 시니어 잡스타일 가나가와는 40세 이상 구직대상자의 취업성공 목표치를 연간 약 700명 정도로 잡고 있다. 그리고 네 개 부스에 각각한 명의 직업상담사가 하루 최대 6명까지 상담할 수 있게 되어 있다. 따라서 이 기관에서는 하루 최대 24명까지 상담이 가능하며, 한 달에 25일 가동하면 연간 최대 7,200명을 상담할 수 있다. 가나가와현은 지리적으로 넓어서 현의 네 개 지점에 상담사를 파견하여 상담지원을 하고 있다.

시니어 잡스타일에서는 취업상담을 중심으로 한 취업지원은 물론 생활지원상담이라든지 헬로워크를 통한 취업상담 및 소개도 한다. 그리고 직종 선택방법 또는 면접을 위한 조언, 직업소개에 이르는 일련의 상담을 원스톱으로 지원한다. 이곳의 가장 큰 특징은 국가모델사업의 일환으로 중앙정부와 현, 시가 함께 연계하는 시스템을 갖추고 있다는 것이다. 예를 들어 가나가와현에서는 상담을 주로 지원하고, 헬로워크는 검색과 직업소개를 주로 담당하는 등 업무가 명확히 구분되어 있다. 이러한 시스템은 이 기관

〈시니어 잡스타일 가나가와가 있는 건물 입구〉

이 건물 1층에는 헬로워크도 있어 고령자들의 방문이 잦다

〈시니어 잡스타일 가나가와가 있는 건물 1층에 위치한 헬로워크 요코하마〉

〈시니어 잡스타일 가나가와 사무실 내부〉

사진의 오른쪽에 직업상담 부스가 네 개 이어져 있고,
사무실 안쪽에는 구인검색을 위한 컴퓨터가 놓여 있다.

에서 처음 도입했고 사이타마현과 사가현에서도 유사하게 진행하고 있다.

사무실 내에는 구인검색을 위한 터치스크린 형식의 컴퓨터가 네 대 있어서 검색이 가능하다. 따라서 신청자들은 구인검색기를 직접 사용하거나 헬로워크의 직원이나 고용대책과 공무원들을 통해 일의 알선이나 중개지원을 받을 수 있다. 결국 고령자들은 시니어 잡스타일 내의 네 개 상담부스에서 직업상담을 통해 취업활동에 필요한 기술을 향상시키고, 헬로워크를 통해 구직을 하게 된다. 즉, 두 개의 시스템이 일체화되어 상호 협조하면서 상생하는 것이다. 헬로워크가 주로 제공하는 검색 시스템에는 80만 건의 검색 데이터가 있다. 민간 리크루트(인재채용) 회사도 이 정도의 데이터를 보유하고 있지 않다. 또한 헬로워크에서는 중개업무를 집중적으로 담당한다. 같은 건물에 헬로워크가 위치해 있어서 시니어 잡스타일의 직원이 소개장을 발급해 주면 중고령자가 이곳을 찾아오거나 그 반대의 경우도 있다. 시니어 잡스타일에서는 주로 일에 대한 상담과 구인검색 및 중개와 관련된 지원을 제공한다. 따라서 가나가와현의 신청자들 중에는 헬로워크와 시니어 잡스타일의 역할을 이해하고 동시에 활용하는 경우가 많다.

시니어 잡스타일에서는 그 외 연 22회 세미나도 개최하고 있다. 세미나에서는 면접연습을 하고 시장 및 취업시장 동향에 대한 강연을 실시하거나, 일회성의 이벤트를 주최하는 경우도 있다. 예를 들어 회사설명회를 개최하여 구직자가 서류전형만이 아닌 모의면접도 해보게 함으로써 효과를 극대화시키려는 행사인 것이다.

시니어 잡스타일의 운영에 드는 비용은 가나가와현이 100% 부담하고, 정부의 지원은 전혀 없다. 단, 헬로워크 검색기와 직원인 건비는 정부가 부담한다. 이런 모델은 일본 내에서도 매우 드물다고 평가되는데, 왜냐하면 현의 공간 속에 국가 기관이 들어와 있기 때문이다.

시니어 잡스타일 가나가와를 찾는 고령자들의 특징

이곳을 찾는 고령자들의 유형은 다양하다. 연금만으로는 경제적으로 부족함을 느끼는 사람도 있고, 경제적인 부담없이 소일거리를 찾아 유유자적하게 여유를 즐기려는 사람들도 있다. 일본 노인의 연금수령액은 40년을 일했다고 가정해 보면 60세에 월 17만 엔(약 190만 원) 정도고, 많은 경우는 20만 엔 정도다. 부부가구가 연간 300만 엔 정도를 수급한다고 보면, 생계유지에는 크게 걱정이 없지만 여행을 가거나 풍요로운 생활을 즐기기에는 다소 부족하다. 실제로 시니어 잡스타일을 찾는 고령자 가운데 연금이 없는 빈곤층은 소수에 불과하다. 그렇지만 자영업자의 경우는 연금액이 대략 연간 75만 엔 정도로, 월 6만 엔가량 수령하고 있어서 이 금액으로는 기본적인 생활을 하기 어렵다. 이런 연금수급자들이 주로 이곳을 찾으며, 간혹 경제적으로 여유가 있는 고령자들도 찾아온다. 예를 들어 1년 수입이 4,000−5,000만 엔이고 연금도 월 25만 엔을 받고 있으면서 개인적으로 예금도 가지고 있는 사람들도 있었다. 이들은 '보람노동' 차원에서 실버인재센터를 이용할 만하지만 이곳으로 온 것이다. 통합매니저 사지 씨는 이런 경우에는 직업상담사가 실버인재센터나 현의 봉사활동을 권하기도 한다고 말했다.

시니어 잡스타일의 구직유형 및 희망연봉

고령자들은 다양한 일자리를 원한다. 하지만 65세 이상인 고령자들이 사무업무를 희망하더라도 채용하려는 사람이 없다 보니, 대부분 현장일로 연결되는 편이다. 65세 이상 남성의 경우는 경비, 청소, 아파트 관리, 택시 운전사 등 민간업체의 일자리가 많은 편이다. 이들의 퇴직 전 직업은 개인정보라서 파악되지 않는다.

헬로워크에서는 등록카드에 희망연봉을 적게 한다. 통합매니저 사지 씨는 신청자들이 가끔 정년퇴직 전 본인의 연봉 수준을 고려해서 세상 물정 모르고 높은 수준의 연봉을 희망하는 경우도 가끔 있단다. 하지만 아무리 많아도 연봉 300만 엔(3,300만 원) 수준을 넘지 않는다고 한다. 사지 씨는 지금까지의 경험으로 보면, 고령자들이 정년 전의 직함에 맞춰 구직을 원하면 일을 찾는 데 매우 오랜 시간이 소요된다고 말했다. 그러나 신청자가 자신의 입장을 이해하고 생각을 빨리 바꾸면 더 빨리 일을 찾을 수 있게 된단다. 그런 점에서 직업상담은 고령자들이 현실적인 자기이해가 가능하도록 도와주게 된다.

직업상담사의 자격 및 역할

직업상담사는 시니어 잡스타일에서 가장 핵심적인 인재다. 가나가와현은 상담사와 일대일로 계약하지 않고 카운셀링 전문회사와 일괄적으로 계약하고 있다. 채용조건을 보면 우선 상담사 자격증을 한 개 이상 보유해야 하고, 공공기관에서 일한 경험과 상담 건수 1,000건 이상의 실적이 있어야 하며, 사회진출 이후의 경험 도 일정 연수 이상 채워야 한다. 이렇게 많은 경험을 자격으로 요 구하는 이유는 상담을 받으러 오는 사람들이 각양각색이므로 이 들에게 적절히 대응하려면 지식만으로는 부족하고 충분한 경험이 필요하기 때문이다.

잡스타일 가나가와에서는 상담사 여섯 명이 각각 주 4일 근무 하므로 사무실에는 매일 상담사 네 명이 근무하게 된다. 취업상담 의 핵심은 면접이다. 그래서 상담사들은 개별적으로 구직자들에 게 면접준비에 도움이 되는 다양한 조언을 해 준다. 또한 일반적 인 직업상담, 세미나, 이벤트, 설명회, 면접회, 직업훈련 등을 통 해 구직자들을 지원한다. 고령자들은 수차례 내방하여 지속적인 상담을 통해 개별적인 지도와 조언을 받게 된다. 실제로 응모서류 를 제출할 때는 첨삭지도를 하는 등 매우 구체적인 수준의 지도와 조언을 해 준다. 헬로워크에도 상담사들이 있다. 하지만 이들은 현 실적으로 많은 인원을 상대해야 하므로 시니어 잡스타일의 상담사 처럼 심층적인 상담을 해 주기는 어렵다.

적성검사와 직업훈련

고령자 적성검사는 컴퓨터 진단 소프트웨어를 통해 실시한다. 이때 커리어 인사이트라는 소프트웨어를 사용하며, 300여 개의 질 문에 대해 '예', '아니오'를 5점 척도로 대답하면 응답한 고령자가 어떤 직종에 적합한지 결과가 제시된다. 질문은 여섯 개 분야(예:

조사, 연구, 기업, 예술 등) 중에서 조합하여 구성한다.

직업훈련은 모든 세대를 대상으로 진행하는데, 국가, 현, 인구가 많은 요코하마시 등에서 실시하고 있다. 신청자들은 평균 3-6개월 동안 무료로 수강할 수 있으며, 이론과 실기를 병행하여 배운다. 예를 들어 개호직업훈련의 경우, 개호에 관련된 법률과 건강에 관한 기초지식을 학습하는 이론수업과 식사, 목욕개호 등의 실습이 포함된다. 훈련이 종료되면 취업에 유리한 수준까지 경험이 축적되었다고 볼 수 있다. 직업훈련은 현립시설 및 민간학교에서 실시하는데, 민간학교의 경우는 현이나 국가가 위탁한 것이다.

〈사무실 한쪽에 위치한 적성진단검사 코너〉

고령자고용에 관한 전문가의 견해

우리는 통합매니저 사지 씨에게 현재 일본 사회의 고령자 경제활동 지원대책에 대해 의견을 구하였다. 그가 강하게 언급했던 내용을 더 자세히 전달하기 위해 내용을 요약하지 않고 인용하였다.

"저출산 고령화로 인해 앞으로 65세 이상의 고령자들은 계속 늘어날 것이고, 이들이 일하지 않으면 국가가 망할 수 있습니다. 따라서 고령자들이 일할 수 있는 환경을 만들어 가야 해요. 일을 함으로써 고령자들은 더 건강해지고, 경제적으로 윤택해지며, 국가도 이들로부터 세금을 거둘 수 있겠지요. 지자체로서도 지방세가 들어올 것이고요. 그들이 지원을 받기만 하는 존재에서 지원을 할 수 있는 존재로 전환된다는 것도 의미가 큽니다. 그리고 노후에 일하는 사람들이 질병에 걸릴 확률이 낮다는 것도 이미 검증되었습니다. 실제로 47개 도도부현의 데이터를 보면 나가노현에 일하는 고령자수가 가장 많고 의료비 지출이 가장 적다는 것을 알 수 있습니다. 즉, 한 사람당 의료비 부담이 적다는 데이터지요. 도쿄나 요코하마시 같은 대도시에는 같은 잣대를 들이대기가 좀 어려울지 모릅니다. 나가노현에서는 고령자들이 주로 농업에 종사하므로 70, 80세가 넘어도 일할 수 있지만, 도시에서는 70세 이상이 일할 수 있는 일자리 자체가 거의 없잖아요? 그러니까 일자리를 더 늘려야 되겠지요."

그는 고령자들에 대한 취업지원과 더불어 기업의 노력에 대해서도 언급하였다.

"그러나 정부나 지자체가 아무리 취업지원을 하고 고령자 개인이 구직활동을 한다고 해도 기업이 고령자들을 채용하고자 하는 마음이 없으면 세상은 변하지 않습니다. 기업이 고령자들을 적극적으로 채용하려고 하지 않으면 안 됩니다. 사실 기업도 고령자들을 활용할 수밖에 없을 겁니다. 왜냐하면 노동인구 자체가 줄어들고 있으니까요. 따라서 다급해지기 전에 지금부터 고용하는 것이 필요할 겁니다. 한편으로 고령자를 고용하는 기업에 대해서는 정부의 조성금도 있습니다. 돈으로 유인하는 것은 문제가 될 수 있지만, 기업에 혜택을 주어 장려하는 것은 나쁘지 않다고 봅니다. 제 개인적인 생각으로 민간 기업에는 좀 더 압박을 가해도 괜찮다고 생각합니다. 현재 소비세는 8%인데, 1%는 현에, 1%는 시정촌에 들어옵니다. 열심히 일하게 해서 수입이 생기면 좋지요. 따라서 기업이 사람을 고용하지 않으면 안 된다고 생각합니다. 단순작업만이라도 하고 싶어 하는 사람들도 많이 있어요. 지금까지 일본은 65세를 넘긴 사람에게는 무리하게 일하라고 말하지 않았지만, 점점 변해가고 있습니다. 70세까지 일하라고."

3. 비영리조직이 운영하는 기관

1) 실버인재센터

한편 민간이 공공으로부터 위탁받아 운영하는 기관은 공공이 직접 운영하는 기관과는 차별화된다. 이 기관들은 정부의 지원하에 비영리조직이 운영하는 것으로, 우리나라에서 여러 사회복지기관들이 공공으로부터 사업을 위탁받아 운영하는 것과 동일하다. 즉, 공공인 정부나 지자체가 추구하는 정책지향에 따라 기관설립을 추진하고, 사업운영은 민간에 위탁하는 것이다. 일본의 경우는 실버인재센터나 고령·장애·구직자 고용지원기구JEED 등이 이에 해당한다. 실버인재센터는 고령자들의 경제활동과 관련하여 대표적으로 공공이 지원하고 비영리 민간법인이 운영하는 기관이며, 공공직업안정소인 헬로워크와 달리 고령자들에게 주로 임시직, 단기직의 기회를 제공하고 있다. 다시 말해 헬로워크가 고령자들의 생계유지에 목표를 두고 있다면, 실버인재센터는 건강한 노년을 위해 고령자들의 사회참여를 증진시키는 것을 목표로 한다. 실버인재센터에서는 임시·단기 취업 및 일의 강도가 약한 간단한 일자리를 원하는 고령자들에게 월 10일 이내 혹은 주 20시간을 넘지 않는 수준에서 일자리를 제공하고 있다. 2017년 현재 실버인재센터에 가입한 회원 수는 71만 3,746명(남 47만 6,676명, 여 23만 7,070명)이며, 센터 수는 1,325개다.

(1) 실버인재센터의 등장배경

실버인재센터는 일본의 고도성장기(1960-70년대)에 고용불안정을 경험했던 중고령자들에게 재취업을 통한 경제활동을 촉진하기 위해 등장했다.[1] 이 시기는 일본 경제의 역사에서 고도성장기이면서, 과거 근대화시기에 이농했던 젊은 노동계층이 고령화되면서 그들이 고용문제에 직면하게 된 시기였다. 여기에는 일본 특유의 고용문화가 작동한다. 즉, 한 번 고용되면 안정적으로 정년을 맞게 되는 종신고용제가 대세였던 것이다. 하지만 이런 일본의 고용문화는 오히려 중간에 퇴출된 인력의 재고용을 어렵게 만드는 요인이 되기도 하였다.

이러한 상황에 대하여 일본 정부는 1971년 〈고령자고용안정법〉을 제정하였고, 실업대책과 공공사업을 통해 중고령자의 고용문제에 대응하였다. 하지만 지역에서 실직자들을 위해 공공사업을 진행하는 과정에서 재정이 어려운 지방자치단체들이 예산을 요구하기 시작하였다. 이에 대해 일본 정부는 재정압박을 피하면서 고령자의 고용문제에 대응할 수 있는 새로운 장치로 실버인재센터를 설립하였다. 실버인재센터는 원칙적으로 각 시(구)정촌 단위에 배치되며, 국가, 지자체, NGO, NPO 등에 의한 고령사회대책을 뒷받침하는 중요한 조직의 하나로, 도도부현 지사의 지정을 받은 사단법인 또는 사회복지법인이 운영하고 있다.

---

[1] 실버인재센터의 등장 배경과 개괄적 정보는 제2장 오카 교수의 인터뷰 내용을 중심으로 재구성하였다.

실버인재센터의 발전과정을 보면, 1974년 도쿄도가 고령자의 복지와 노동에 대한 방침을 세우고 도 단위에서 고령자사업단을 설립하면서 시작되었다. 그 후 1975년에 비슷한 사업조직이 전국의 시정촌에 보급되기 시작했다. 1980년에는 후생노동성(당시 노동성)의 경비보조사업이 시행되었고, 같은 해 12월에는 실버센터의 전국조직으로 전국고령자사업단 또는 실버인재센터 등의 연락협의회가 발족되었다. 1982년 7월 전국 실버인재센터협회가 만들어졌고, 1986년에 〈고령근로자법〉이 개정되면서 사단법인 전국실버인재센터협회라는 공식적인 위상을 가지게 되었다. 전국실버센터협회는 전국실버인재협회로 이름을 변경하였고, 1996년에는 전국실버인재센터사업협회로, 2012년에는 공익협회로 변경되어 현재에 이르고 있다.[2]

(2) 실버인재센터의 운영 시스템

실버인재센터의 운영 시스템은 [그림 7]과 같다. 센터는 지역사회의 개별 가정이나 기업, 공공단체 등으로부터 청부나 위임계약을 통해 유상으로 일을 수주하고, 회원으로 등록된 고령자들 중에서 적임자를 선정하여 일을 맡긴다. 실버인재센터에서 계약하는 업무내용은 대체로 간단한데, 수주하는 업무내용은 〈표 2〉와 같이 다양하다. 하지만 업무내용을 보면 일부를 제외하고는 경력이 있는 고령자들을 지속고용한다는 의미는 별로 없다. 이처럼 실버

---

2 http://blog.naver.com/nhktc/220841215543. 재인용 2018.11.30. 접속

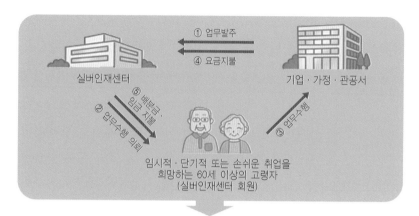

① 업무발주
④ 요금지불

실버인재센터

⑤ 배당금 · 임금 지불
② 업무수행 의뢰

기업 · 가정 · 관공서

③ 업무수행

임시적 · 단기적 또는 손쉬운 취업을
희망하는 60세 이상의 고령자
(실버인재센터 회원)

- 지역의 경제 · 사회의 유지 · 발전 등
- 일손이 부족한 기업이나 현역세대를 유지하는 분야의 일손 부족 해소
- 고령자의 생활안정, 사는 보람의 향상, 건강 유지 및 증진

[그림 7] 실버인재센터 사업의 개요

〈표 2〉 실버인재센터에서 다루는 일자리

분야	구체적 업무
기술	가정교사, 학습교실 강사, 컴퓨터 지도, 통번역(영어, 영어 외 언어), 자동차 운전
기능	정원수 관리, 페인트칠, 망창 갈기, 의류수선, 칼갈이
사무	일반사무, 경리사무, 조사 및 집계 사무, 컴퓨터 입력
관리	건물관리(빌딩, 아파트 등), 시설관리(스포츠 시설 등), 주차장 관리
대리업무	판매원, 영업, 배달, 집배, 전기 · 가스 검침
일반작업	풀베기, 옥외청소, 실내청소, 포장, 조리, 농작업, 에어컨 · 환기구 청소, 전단지 배포, 운반
서비스	가사도우미, 복지 서비스(신변도우미, 대화상대, 개호 등), 육아 서비스(아이돌보미, 등하원 지원)

인재센터를 통해 연결되는 일은 사회공헌 또는 자원봉사의 성격을 띠면서 고령자들이 은퇴 후에도 사회적으로 필요한 분야에서 기여한다는 의미가 강하다고 볼 수 있다.

2) 협동조합

일본 협동조합연합회의 정의를 살펴보면, 협동조합은 사람들 간의 자치적인 조직이며, 자발적으로 결합된 사람들이 공동으로 소유하고, 민주적으로 관리하는 사업체를 통해 공동의 경제적·사회적·문화적 필요를 충족시켜가는 것이다. 이처럼 협동조합은 사람들 간의 조직이므로 자본과 자본 간의 결합인 주식회사와 구별되고, 조합원의 필요를 충족시키기 때문에 불특정 다수를 대상으로 하는 비영리단체와도 구별되며, 구현하고자 하는 가치지향도 개인주의의 가치를 중심으로 하면서도 공동체성을 강조한다(김종걸, 2014). 일본의 협동조합은 여러 방면으로 발전하였으며, 특히 농협, 생협, 공제(보험)조합의 규모는 세계적인 수준에 달하고 있다.[3]

---

3   국제협동조합연맹(ICA)의 'Global 300(2006년)'에 의하면 全農(1위), 全共連(2위), 農林中金(12위), 全労済(51위), 日本生協連(69위), 信金中金(86위), 코프고베(106위), 共栄火災(116위), 코프삿포로(134위), 코프가나가와(194위), 사이타마코프(231위), 미야기코프(242위)의 순서로 대형 협동조합이 잘 발달되어 있다. 일본생협 조합원수는 2,665만 명으로, 유럽 18개국(영국, 독일, 프랑스, 이탈리아, 스페인 등) 조합원의 97%에 달하며 사업액은 34%(1유로=130.3엔, 2013년 6월 8일 환율) 정도다. 2012년도 매출액은 3조 3,452억 엔으로, 우리나라 4대 생협(한살림, 아이쿱, 두레, 여성민우회 생협)의 60배가 넘는다. 근로자협동조합의 조합원 수도 약 6만 8,000명으로, 유럽에서 상대적으로 노동자협동조합이 발전했다고 하는 프랑스의 약 2배가 된다(김종걸, 2014).

일본의 협동조합은 제2차 세계대전을 거치면서 극심한 실업난에 처했던 상황을 타개하기 위한 방안으로 정부 주도로 시작되었다. 그러나 1970년대와 80년대 일본의 경제호황기에는 협동조합의 역할이 약화되었다가, 90년대 이후 불경기에 접어들면서 재조명받기 시작하였다. 특히 2000년대 들어와 일본도 저출산 고령화가 심각하게 진행됨에 따라 정부의 커뮤니티 케어정책에서 지자체의 역할이 강조되면서 지역 단위에서 돌봄역할을 확대하기 위한 대안으로 협동조합이 다시 부각되었다. 사회보장비용을 줄이면서 돌봄 욕구를 해결하기 위해 비영리 성격의 협동조합이 지역사회에서 돌봄서비스 제공자로 역할을 하게 된 것이다.

참고로 저출산 고령화에 따른 인구전망과 국민소득액 및 사회보장비의 증가추이에 대해 살펴본다. 최근 통계를 보면 2019년 9월 기준 65세 이상 인구는 3,588만 명으로 고령화율은 28.4%이며, 2040년에는 35.3%를 넘어설 전망이다(총무성 통계국, 2019). 그리고 고령화의 급속한 증가에 따라 국민소득액 대비 사회보장 급여비용이 현저하게 증가하였다. 구체적으로 보면, 1970년에는 국민소득액 61조 엔, 사회보장 급여비용은 3조 5,000억 엔으로 국민소득액에서 차지하는 비율이 5.7% 수준이었다. 그리고 2015년에는 국민소득액 388조 5,000억 엔, 사회보장 급여비용 114조 9,000억엔으로 증가하여 29%를 차지하게 되었으며, 향후에도 급속한 증가가 예상되고 있다(그림 8). 그중 개호보험제도의 경우는 돌봄수가와 중앙정부의 보조금비율로는 수요를 감당하기 어려워지고 있다.[4] 이에 따라 일본 정부는 급여범위를 적정하게 줄이고 서비스

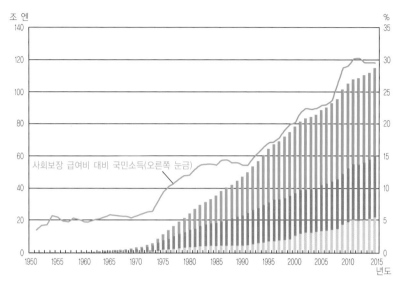

	1970	1980	1990	2000	2010	2015
국민소득액 A	61.0	203.9	346.9	386.0	361.9	368.5
사회보장비 B	3.5(100.0%)	24.8(100.0%)	47.4(100.0%)	78.4(100.0%)	105.4(100.0%)	114.9(100.0%)
연금	0.9(24.3%)	10.5(42.2%)	24.0(50.7%)	41.2(52.6%)	53.0(50.3%)	54.9(47.8%)
의료	2.1(58.9%)	10.7(43.3%)	18.6(39.1%)	26.2(33.5%)	33.2(31.5%)	37.7(32.8%)
복지 외	0.6(16.8%)	3.6(14.5%)	5.0(10.2%)	11.0(14.0%)	19.2(18.2%)	22.2(19.3%)
B/A	5.77%	12.15%	13.67%	20.31%	29.11%	29.57%

[그림 8] 일본의 사회보장비용의 추이

자료: 국립사회보장·인구문제연구소, 〈1970-2015년도 사회보장비용 통계〉
주: 1963년도에는 '의료'와 '연금복지 외'로 나누어졌으나, 1964년 이후에는 '의료', '연금', '복지 외'로 나누어져 있다.

4 일본의 2015년 국가예산은 96조 엔이며, 그중 노인요양(개호보험) 예산이 2015년 기준 9조 9,000억 엔이고, 2025년에는 23조 엔으로 늘어날 전망이다. 의료비 예산도 2015년에 40조 엔을 넘었으며, 2025년에는 54조 엔이 될 것으로 전망한다(출처: 국립사회보장·인구문제 연구소, 2015년도 사회보장비용 통계).

의 효율성과 중점화를 도모하면서 보험료 증가를 억제하려는 정책으로 방향을 선회하였다.

이를 위해 일본식 커뮤니티 케어community care인 지역포괄 케어가 핵심적 정책으로 추진되고 있다. 그 내용에는 지역에서 주민이나 협동조합 등의 비공식적informal 자원들이 기존의 공식적인formal 기관들이 제공하던 서비스를 대체 혹은 보충해 주는 대안이 포함되어 있다. 이에 따라 전국적으로 많은 협동조합이 노인 관련 돌봄사업을 전개하고 있다.

그중에서 은퇴한 고령자들이 스스로 출자금을 모아서 소득보전과 봉사를 목적으로 결성한 고령자협동조합의 활동과 역할을 살펴본다. 일본의 고령자협동조합은 1994년 미에켄에 최초로 설립되었고, 2001년에는 일본고령자생활협동조합연합회가 22개의 고령자생활협동조합을 회원으로 참여시켜 탄생하였다. 2015년 기준으로는 47개 도도부현 중 33개 지역에 고령자생활협동조합이 설립되었고, 조합원 수는 약 3만 명에 이르고 있다. 일본 전역에서 운영되는 22개의 고령자협동조합은 고령자를 위한 사회를 지향하는 협동조합이기 때문에 조합원 가입의 연령제한은 없다. 따라서 40-50대도 조합원으로 활동하고 있다. 먼저 조합원이 되려면 5,000엔 정도의 출자금을 내야 하고, 300명 이상이 출자하면 조합이 설립된다.

고령자들이 협동조합을 설립한 목적을 보면, 첫째, 나이가 들어도 사회에 참여하고, 둘째, 건강한 노년을 더욱 건강하게 하고, 셋째, 고령자들을 홀로 외롭게 방치해 두지 않는다는 것이다. 즉,

고령자들이 협동조합을 결성하여 사회활동에 참여하고, 인간적인 존엄과 가치를 인정받으며, 취미활동을 통해 살아가는 보람을 향유하도록 한다는 것이다.

고령자협동조합에서 시행하는 사업을 보면, 주로 빌딩관리, 공원녹화, 재활용사업 등 다양한 사업에 참여하고 있다. 뿐만 아니라 지방정부에서 운영하는 각종 복지 서비스를 위탁받아 운영하는 경우도 있다. 그중 대부분은 지역 내에서 노인요양, 노인일자리사업, 병원 통근 서비스, 시장보기 서비스 등 고령자들이 필요로 하는 사업이며, 그밖에도 장애인복지 서비스, 청소년 상담 등 사업영역을 확대하고 있다. 특히 복지 서비스의 경우는 공급자로서만이 아니라 자신도 이용자로서 복지 서비스를 활용하기도 한다. 따라서 회원들은 복지 서비스에 대해 사용자로서 스스로 평가하고 피드백을 받음으로써 서비스를 개선하면서 운영할 수 있다. 즉, 공급자이면서 수요자인 고령자 중심의 복지 서비스 협동조합은 곧 사회적 협동조합인 것이다.

3) NPO

(1) NPO의 발전배경

일본에서 NPO가 중요한 자원봉사단체로 등장하게 된 시점은 1995년 한신아와지 대지진(고베 대지진으로도 불림)이 발생한 때다. 고베 지역에서 엄청나게 큰 규모로 발생한 지진의 피해를 지원하는 과정에서 전국의 NPO들은 활발하게 자원봉사활동을 하였다. 이를 계기로 일본에서는 자원봉사활동 또는 사회공헌활동이 사회

운동으로 확산되었다. 이때의 활동은 일본의 '자원봉사(사회공헌활동) 혁명'이라고까지 불린다. 당시 자원봉사자들의 대부분은 비영리조직에 소속된 사람들이었다. 그 다음해인 1996년 12월에는 의회에 〈NPO법안〉이 제출되어 NPO들의 활동을 더 합법화하기 위한 근거를 마련했고, 이를 통해 국민들에게 비영리조직인 NPO의 존재를 널리 알리게 되었다. 1998년 2월 〈특정비영리활동촉진법(이하 NPO법)〉이 일본 중의원 본회의에서 만장일치로 통과되어 NPO는 법인격을 획득하였다. 그 후 NPO는 2011년 세계적으로 충격적인 사건이었던 후쿠시마 원전사고에서도 많은 활동과 지원을 함으로써 다시 한 번 그 존재의 중요성을 인정받았다.

일본의 대규모 자연재해에 대응하면서 위상을 정립해 온 NPO들은 일본 사회가 저출산 고령화라는 거대한 인구사회적 변화에 대응하는 과정에서도 적극적인 활동을 하였다. 또한 정부도 이들의 자발적인 활동을 지원하고 있다. 구체적으로 보면 내각부는 비영리분야에 대한 정책적 지원을 하고, 후생노동성은 의료, 보건, 복지, 일자리 분야에서 고령자의 지역사회 공헌활동을 촉진하기 위해 NPO를 지원하고 있다. 이처럼 정부가 민간의 자발적인 활동을 지원하게 된 것은 공공정책의 한계를 극복하기 위한 대안이었다고 평가할 수도 있다. 구체적인 예를 살펴본다. 일본은 2000년대 들어 초저출산, 초고령사회로 인해 고령자, 핵가족, 의료요양비용이 급증하면서 기존의 의료, 보건, 복지제도의 한계가 드러났다. 이에 대해 지역주민들은 적극적인 사회공헌활동으로서 지역사회 중심의 '함께 살아가는 마을만들기' 등을 추진하여 저출산 고령화에 따른 문제의 해결방안을 찾고자 하였다. 일본 정부는 현재도 NPO에게 많은 지원을 해 주면서 적극적인 활동을 기대하고 있다.

(2) 특정비영리활동법인의 활동

1998년에 제정된 〈특정비영리활동촉진법〉은 특정비영리활동을 하는 조직이 법인격을 부여받아 자발적인 봉사활동을 원하는 사람들을 자유롭게 활동하게 함으로써 특정비영리활동을 건전하게 발전시키려는 목적을 가지고 있다. 2012년 6월에는 NPO법인의 위상을 높이기 위해 법인의 재정기반 강화에 도움이 되는 조치 등이 포함되면서 NPO법이 대폭 개정되었다. 그리고 지금도 NPO법인들은 시민의 일상생활 가까이에서 다양한 사회욕구에 대응하는 역할을 확대해 가고 있다. 2016년 1월 현재 NPO법인은 5만 1,515개 (복수활동 포함)[5]이며, 도쿄, 오사카, 아이치현, 후쿠오카 등 대도시를 중심으로 활동하고 있다.

NPO법인을 설립하려면 관할 기관에 신청하고 설립 '인증'을 받아야 한다. 그중에서도 인정특정비영리활동법인(인정NPO법인이라고 함)은 NPO법인 중에서 설립 이후 2년의 사업년도 동안 활동한 실적을 인정받은 법인을 말한다. 인정NPO법인이 되면 세금혜택을 받을 수 있다. 이들의 활동 중에는 보건 및 복지증진 관련 활동이 가장 많고, 그 다음은 사회교육 추진 및 마을만들기 추진활

---

5   일본내각부 홈페이지 https://www.npo-homepage.go.jp

동 등이 있다.

특정비영리활동의 영역에는 보건개호, 사회복지, 마을만들기, 관광진흥, 문화여가 진흥, 어촌 및 산간지역 진흥 등 20개 분야가 있고, 모든 활동은 불특정 다수의 이익에 기여하는 것을 목적으로 한다.

4. 민간영리기업

일본에서는 〈고령자고용안정법〉에 따라 민간 기업들은 60세 정년 이후 65세까지 정년연장, 계속고용, 정년제 폐지 중 반드시 하나의 조치를 선택해야 한다. 기업들이 따라야 하는 고령자고용정책은 민간 기업의 고용 범위가 넓은 만큼 파급효과가 크다. 그러므로 공공이나 비영리 민간주체가 사업을 시행하는 것에 비해 고령자고용의 실질적인 효과가 나타날 수 있다는 이점이 있다. 즉, 민간 기업들은 고령 노동자들을 노동시장에 잔류시켜 숙련된 노동력을 지속적으로 확보하고, 고령자들은 평생 현역으로서의 역할을 통해 경제적 자립을 도모한다는 것이다. 뿐만 아니라 민간 기업의 고령자 채용은 일본 사회에서 저출산 고령화로 인해 나타나는 노동력 부족현상의 완충역할을 하고, 고령자들의 활발한 사회참여는 고령화되어 가는 사회 전반에 활기를 불어넣는다는 이점도 있다. 이처럼 민간 기업의 고령자고용이 개인과 지역사회, 나아가서 국가 전체에 미치는 효과를 볼 때, 일본 민간 기업의 퇴직고령자고용사례는 베이비붐 세대의 대량 은퇴에 대한 해법을 찾지 못하고 있는 우리나라에 시사하는 바가 크다.

한편 일본의 고령자고용실태는 전통적인 일본의 종신고용 문화와 현실적인 고용시장의 본질을 가지고 해석해 볼 수도 있다. 전통적으로 일본 민간 기업들은 종신고용제를 유지해 왔다. 그러나 '잃어버린 20년'이라는 장기적인 경기침체와 경제정책의 신자유주의적인 기조변화로 인해 고용시장은 다소 유연한 양상으로 바뀌기 시작하였다. 게다가 인구구조의 급격한 변화로 인한 생산가능인구의 감소현상에 대처하기 위해서도 고령 노동력을 적절하게 활용하기 위한 방안을 모색하게 되었다. 그 결과, 앞서 언급한 대로 〈고령자고용안정법〉을 개정하여 정년을 60세로 연장하였고, 2016년 현재 일본 민간 기업의 약 87%가 60세 정년제를 채택하고 있다.[6] 이에 더해 65세까지도 어떤 형태로든 고령자들을 일하게 함으로써 종신고용의 가치에 익숙한 고령자들을 노동시장에 더 오래 머물게 하되, 유연한 고용형태를 취함으로써 그들이 서서히 노동시장에서 빠져나가게 하는 전략을 실행한다는 것이다. 이러한 결정은 고령자들의 평균수명 연장에 따라 길어진 활동기간을 활력 있는 사회구현에 기여하게 하였고, 고령자 개인적으로는 경제활동 기간을 연장함으로써 활기찬 노년을 추구할 수 있는 계기를 마련하였다.

6   https://www.mhlw.go.jp

또한 〈고령자고용안정법〉을 개정하여 60세 정년 이후에도 65세까지 퇴직자들을 여러 형태로 고용하도록 한 것은 초고령사회에 대비하는 연금제도의 개정에 따른 결과로도 설명할 수 있다. 우선 일본 연금제도의 변화를 간단히 살펴본다. 일본의 공적연금제도는 노령기초연금과 보수비례연금으로 이분화되어 있다. 그중 기초연금은 모든 국민에게 지급되며, 보수비례연금은 경제활동을 하여 소득이 있던 사람에게 기초연금에 더해 지급된다. 즉, 이층구조로 되어 있다. 그런데 연금제도는 1999년에 개정되면서 재정 안정을 위해 보수비례연금의 지급개시 시점을 연차적으로 상향조정하여 2025년에는 지급개시 연령이 65세가 될 예정이다. 그 결과, [그림 9]에서 보듯이 연금수급 예정자들은 60세 은퇴 이후 65세까지의 소득공백 기간에 직면하게 되어 있다. 또한 기초연금도 시작 시점이 늦어지면 61세까지 무연금, 무수입이 되는 사람들도 발생

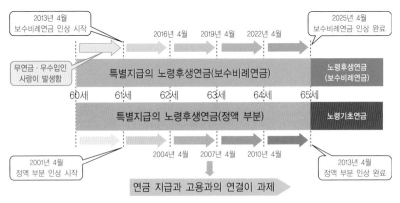

[그림 9] 공적연금제도와 고령자고용과의 관계(후생노동성, 2015)

할 것이다. 이에 따라 기업들은 앞서 기술한 대로 법에 따라 퇴직하는 고령자들을 '계속고용', '정년연장', '정년제 폐지' 중 한 가지에 따라 고용하게 된 것이다. [그림 10]은 후생노동성이 발표한 65세까지 고용상황인 고령자고용확보조치의 결과다(2015년 6월 1일).

[그림 11]에서 보면, 직원 31명 이상 300명 이하 기업에서 고령자를 고용한 비율은 99.4%, 직원 301명 이상 기업의 고령자고용비율은 99.9%에 이르고 있어서 2015년 기준으로 거의 모든 기업이 60세 이상의 고령자들을 고용하고 있었다. 기업들이 선택한 고용유형을 보면, 60세 정년 이후 계속고용제도를 도입한 기업이 81.7%로 대다수였고, 정년을 연장한 기업은 15.7%, 정년을 폐지한

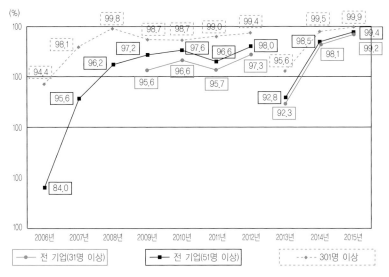

[그림 10] 기업유형별 고령자고용확보조치 실시 비율(후생노동성, 2015년)

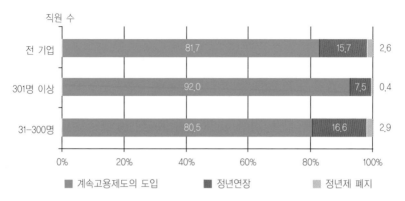

직원 수

전 기업 ░░░ 81.7 ░░░ 15.7 ░ 2.6

301명 이상 ░░░ 92.0 ░░░ 7.5 ░ 0.4

31-300명 ░░░ 80.5 ░░░ 16.6 ░ 2.9

0%   20%   40%   60%   80%   100%

■ 계속고용제도의 도입   ■ 정년연장   ▨ 정년제 폐지

[그림 11] 기업 규모에 따른 고령자고용확보 유형별 비율(후생노동성, 2015년)

기업은 2.6%였다. 특히 직원 301명 이상의 대기업은 중소기업보다 '계속고용' 비율이 높았던 반면, '정년연장'이나 '정년제 폐지'는 중소기업보다 비율이 낮았다. 그 이유는 기업의 규모로 설명할 수 있다. 우선 종업원 수가 많은 대기업들은 퇴직 이후에 업무성과는 크게 기대하지 않고 업무량을 줄여서 65세까지 회사에 머물게 하는 전략을 택했다. 반면 중소기업들은 실제로 젊은 노동력의 유입이 감소하면서 고령 노동력들이 그 자리를 매우기 위해 지속적으로 일할 수 있는 조건을 만드는 전략을 선택한 것이다.

기업규모에 따른 추이는 [그림 12]에서 종업원을 70세까지 일할 수 있게 하는 조건에서 더 구체적으로 볼 수 있다. 우선 전체 기업 중 4.1%는 고령의 종업원이 70세 이상 계속 취업을 원하면 고용하고 있다. 또한 기업이 정한 특정 기준을 갖춘 고령의 직원이 70세 이상이어도 계속 고용하는 기업은 전체 기업 중 7.5%였

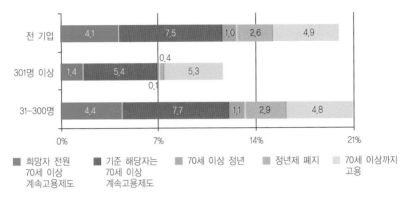

[그림 12] 70세까지 일할 수 있는 기업유형(후생노동성, 2015년)

고, 70세 이상을 정년으로 하거나 정년제를 폐지한 기업도 3.6%였
다. 이를 대기업과 중소기업으로 구분해 보면 마찬가지로 중소기
업일수록 70세 이상 고령자들이 계속 일하기에 더 유리하다는 것
을 알 수 있다.

PART 2

고령자
경제활동 사례

제1장

일본인의 직업관

우리에게 널리 알려져 있는 '일본인의 직업관'은 일본이 근대화 과정을 거치면서 사회구성원들에게 점차 내면화되었다. 이런 소위 일본식의 직업관을 가진 사람들 중 주류는 당연히 현재 노인세대다. 이들은 적어도 일본의 근대화가 시작된 메이지 이후에 동서양권이 혼합된 직업관의 영향을 받아 '근면성'이 체화되었고, 그후 고도성장기를 거치면서 형성된 조직문화의 영향도 많이 받았다. 일본 문헌들을 참고하여 역사적 발전단계에 따라 형성되어 온 직업관을 살펴본다.

일본에는 오래전부터 "농사를 업으로 하는 것은 부처의 공덕을 행하는 것과 같다"라는 사상이 있었고, 육체노동과 정신생활, 인격수행을 동일시하는 전통이 있었다. 그 후에도 에도막부 시대에는 유교를 사회의 기본적인 윤리체계로 받아들이면서 멸사봉공減私奉公이라는 윤리관이 탄생하였다. 멸사봉공이란 개인은 한 집단에 소속되기 위해 노동을 제공하고, 사무라이는 군주를 위해, 농민은 지주를 위해, 직장인은 보스를 위해 뼈가 휘는 고통을 감수하며 일하는 것을 최고 미덕으로 여긴다는 것이다. 이 윤리관은 일본인의 강한 집단귀속의식의 뿌리가 되었다. 또한 에도시대 중기 이후에는 지역이나 마을의 불문율로서 금욕, 근면, 절약, 효행, 인내, 정직, 조기기상, 소박한 식사가 미덕이자 당연한 윤리로 자리잡았다. 따라서 에도 시대에 농민들은 일을 생활의 중심으로 생각했고, 자기 자신이 아닌 영주나 집안을 위해 일하도록 교육받았으며, 일하는 것을 미덕으로 여겼다. 이러한 가치들이 곧 오늘날 근로자들의 직업의식으로 정착된 것이다. 다시 말하자면 직업중심주의, 소속의식, 노동의 미덕이라는 사회적 규범과 윤리는 역사를 거치면서 일본인들의 정신세계에 깊이 자리잡게 되었다.

한편 메이지 이후에는 서구의 직업정신과 근대기술, 기업 시스템 등이 유입되면서 서구와 일본의 문화에서 공통적으로 부여된 근면성이라는 가치가 일본 특유의 직업관으로 재탄생하게 되었다고도 평가된다. 20세기 초에는 산업화가 진행되면서 회사조직인 기업이 등장하였고, 기업 노동자인 봉급근로자(샐러리맨)라는 위상도 생겨났다. 이 시대의 봉급근로자들은 직장 이동이 상대적으로 적어서 기업 소속의식이 매우 강했으며, 일에 대한 프로 의식도 점차 축적되었다. 게다가 그들은 여가를 즐길 만한 여유가 없었고, 노동을 미덕으로 여기면서 자신의 일에 최선을 다하고 회사에 도움이 되도록 노력하는 것이 중시되었다.

일본은 제2차 세계대전 이후 고도경제성장기로 들어가면서 종

신고용, 연공서열, 기업별 조합이라는 일본식의 기업가치와 특성
이 생겨났다. 소위 '일본적 경영'이 출현하게 된 것이다. 기업은 근
로자에게 좋은 복리후생을 제공하여 가족까지 포용하고, 근로자
는 한 번 회사에 취직하면 평생 안정된 여생을 보낼 수 있다는 의
식이 강해진다. 그런 가운데 장시간 노동하는 것에 대해서는 불평
하지 않고 멸사봉공적으로 회사에 충성을 다했다. 이런 현상들은
'회사인간會社人間'이라는 부정적인 표현을 만들어 내기도 했지만,
결과적으로 노동이 미덕이라는 의식, 직업중심주의, 집단(회사)에
대한 강한 소속의식으로 대변되는 일본인의 직업관으로 자리잡게
된다. 하지만 1991년 이후 버블경제가 붕괴되면서 일본 사회 전반
에 걸쳐 정신적 풍요를 찾는 분위기가 형성되어, 여가를 중시하고,
일에서도 자기실현을 강조하며, 삶의 보람을 추구하는 경향이 나
타나기 시작했다. 이러한 현상은 보편적으로 전 연령대에 걸쳐 새
로운 직업관을 만들어 냈다.

　이처럼 일본인들의 직업관이 바뀌고 있지만 고령세대에게는 과
거 전통적인 직업윤리나 가치가 여전히 남아 있다. 이것은 정년이
나 연금수급과는 무관하게 건강한 동안에는 일해야 한다는 전통적
인 직업관이다. 따라서 전통적인 직업관을 고수하는 고령자들은
이제 은퇴근로자로서의 새로운 위상을 만들어가고 있다. 실제로
지역사회에서는 사회참여를 원하는 다수의 고령자들이 비정규직
형태로 채용되어 '보람되고 건강한 노년'과 '일정한 소득확보'라는
두 가지 목적을 추구하는 모습을 흔히 볼 수 있다. 즉, 고령자들은
그들만의 독특한 '일'에 대한 가치관을 가지고 활발하게 사회참여

를 하면서 초고령사회에서 자립생활을 영위해 가고 있는 것이다. 길어진 수명 중 건강한 노년기 동안 자립생활을 통해 개인적으로는 은퇴 이전의 자존감을 유지하고 성취감과 안정적인 생활을 얻는 것이고, 사회적으로는 세대통합의 가치를 실현하면서 국가의 노인부양에 따른 부담도 줄여주게 된다.

하지만 일본의 고령자들에게는 경제활동만이 '일'이 아니다. 전문가들은 '보람되고 건강한' 노년을 위해서는 노년기 이전에 해 오던 활동들을 꾸준히 하면서 라이프 스타일을 유지하라고 권고한다. 기존의 라이프 스타일을 유지하는 것이 곧 '성공적인 노년'을 영위하는 데 중요하게 작용한다는 것이다. 우리 필진들은 인터뷰를 마치고 사회복지 신간서적을 둘러보기 위해 도쿄 시내에 있는 대형 서점을 방문했다. 빌딩 전체가 서점이며, 사회복지 관련 전공서적들도 한 개 층에 많이 진열되어 있어서 일본 방문 시에 가끔 들르는 곳이다. 전공 서적 몇 권을 구입하고 다른 층도 둘러보던 중 소설과 취미생활 분야 책들을 전시한 층에서 고령자들이 책을 고르거나 도서검색을 하고 있는 모습이 언뜻 눈에 들어왔다. 다른 사람들 눈에는 단지 서점 이용자 중 일부로 보이겠지만, 전공 탓인지 서점에서 만난 고령자들의 모습은 매우 신선하게 다가왔다. 우리나라에서는 고령자들의 서점 이용이 그다지 흔하지 않기 때문일까? 연금이 있어 어느 수준 이상의 노후 생활이 유지되고 건강이 허락한다면 실버인재센터 같은 곳에서 활동을 하고, 나머지 시간에는 친구들을 만나거나 혼자 책방에 들러 읽고 싶은 책을 사거나 신간을 둘러보는 것도 품위 있는 노년기 생활의 일부가 될 것이다. 게다가 자녀세대가 가까이 거주한다면 일정 시간은 손자녀를 돌봐 주거나 함께 놀아 주는 일에 할애하는 것도 중요한 노년기 역할 중 하나다. 왜냐하면 우리는 시간을 뒤로 돌릴 수 없기에 현재의 애틋하고 소중한 순간들은 아이들이 성장하고 자신의 노화가 더 진행되면 다시는 오지 않을 것이기 때문이다. 결국 일정량의 경제활동과 더불어 자기 시간을 가질 수 있는 여유로움, 그리고 친밀한 가족관계를 유지하며 정서적인 안정감을 누리는 삶의 방식은 일본 고령자들이 가지고 있는 가치관, 즉 노년기에도 가능하면 꾸준히 몸을 움직이고 활동해야 한다는 생각의 일부가 아닐까 생각해 본다.

〈도서검색대에서 한동안 몰입해 있는 고령의 노인〉

〈관심 있는 책을 보고 있는 고령자들〉

제2장
실버인재센터

제1부 3장에서 실버인재센터의 성격과 역할에 대해 살펴보았다. 일본의 실버인재센터는 비영리법인이나 단체가 공공의 재정지원을 받아 고령자들의 경제활동과 비경제활동인 사회참여활동을 촉진하기 위해 설립된 기관이다. 일본 정부가 실버인재센터를 설립한 목적은 초고령사회 일본에서 고령자들의 사회참여를 확대하여 고령화에 따른 여러 가지 부작용을 완화시킴으로써 그들이 건강하고 활기찬 노년을 영위토록 하자는 것이다. 뿐만 아니라 고령화가 가속화되는 사회에 활력을 불어넣어 노인인구 증가로 인해 사회적으로 동력이 떨어지는 것을 예방하려는 목적도 있다. 다시 말하면 실버인재센터를 통한 노년기 활동은 우선 소득확보라는 측면이 있지만, 이것 못지않게 노년기에도 지속적으로 활동하여 건강과 사회적 관계를 유지함으로써 개인적으로 활력 있게 노후를 보낸다는 의미도 갖는다.

이 장에서는 인지도가 높은 여러 실버인재센터 중 인터뷰가 가능했던 두 곳을 방문하여 실버인재센터의 운영목적과 현황, 장기 비전 등을 살펴보았다. 그리고 실버인재센터에서 활동하는 고령자들을 만나 그들이 생각하는 노년기 일의 의미는 무엇이며, 그들은 어디서 어떤 일들을 하고 있는가도 사례로서 살펴보았다.

1. 요코하마시 실버인재센터

요코하마시 실버인재센터는 가나가와현 요코하마시에 있다. 이 센터는 요코하마 시영 지하철 블루라인과 고속철도 1호선의 역과 버스터미널이 함께 있는 역사에 입주해 있었다. 우리가 방문했던 시간, 대로변에 위치해 있는 요코하마시 실버인재센터 근처의 맥도날드 가게에는 오전임에도 불구하고 많은 노인들이 커피와 햄버거를 먹으면서 시간을 보내고 있었다. 이들 중 상당수가 실버인재센터와 연결되어 있을지 모른다는 상상을 하면서 센터를 방문하였다. 센터는 생각보다 규모가 컸고, 인터뷰 장소를 찾기가 쉽지 않았다. 무더운 여름임에도 불구하고 센터 건물은 말끔하고 시원했으며 사람들도 친절했다. 이곳에서 경영기획과 차장 겸 적정취업 추진을 담당하는 스즈키 미노루 씨와 담당계장 겸 적정취업 추진 담당인 무라타 게지 씨를 만나 90분 정도 인터뷰를 진행하였다. 스즈키 씨와 무라타 씨와의 인터뷰 내용과 그들이 제공한 자료를 근거로 요코하마시 실버인재센터의 현황과 특성을 정리하였다.

〈요코하마시 실버인재센터가 입주한 건물〉

〈고령사회의 단면을 보여주는 평일 오전 요코하마의 패스트푸드점〉

1) 요코하마시 실버인재센터의 설립목적

요코하마시 실버인재센터는 1980년에 재단법인으로 설립되었고, 중앙정부와 요코하마시의 지원을 받아 운영되고 있다. 이곳은 요코하마시 실버인재센터의 본부이며, 이 본부 외에도 회원활동 및 업무수주를 위한 창구로 여섯 개의 사무소를 요코하마 시내에 배치하고 있다.

센터의 설립목적은 건강하고 일할 의욕이 있는 60세 이상 고령자의 요구에 대응하여 임시적 또는 단기적인 취업과 그 외 단순한 업무를 할 수 있는 기회를 제공하여 그들의 삶의 보람을 향상시키고 사회참여 기회를 확대하는 것이다. 이러한 목적을 달성하기 위해 그들은 자체적으로 수립한 기본계획(2011-2016년도)에 따라 취업기회를 확보하여 고령자들의 사회참여 활성화를 도모하고 있다.

이곳에서는 60세 이상의 고령자들에게 임시나 단기 취업 또는 간단한 취업(월 10일 이내, 일주일 노동시간이 20시간을 넘지 않음) 등 비정규직 일자리의 기회를 제공한다. 이 센터에 등록된 회원들은 고용 가능성을 키우기 위해 센터에서 제공하는 직업기술훈련, 강의, 상담, 구직 인터뷰 준비 등의 교육과 훈련을 무상으로 받을 수 있다.

2) 운영 현황

2015년 현재, 센터에 등록된 회원 수는 1만 1,404명이며, 그중 여성회원 비율은 34.8%이다. 등록회원 중에 취업한 사람은 7,774명으로, 취업률은 68.2%이다. 이는 대략 요코하마시 노인인구의 2% 수준이다. 2014년도에 집계된 실적을 보면, 업무발주를 위해 가입한 단체 수가 1,272개, 계약건수는 360만 건, 계약금액은 3,050억 엔이었다. 일하는 회원들의 한 달 평균 근로일수는 9.7일, 한 달 평균 수입은 3만 7,000엔이었고, 평균연령은 71.5세이었다. 이는 실버인재센터의 설립목적을 잘 반영해 주고 있다. 즉, 회원들은 정상적인 고용수준보다 적게 일하면서 적은 수입을 얻고 있었다.

고령자들이 회원으로 등록하려면 가입비가 1,200엔인데, 최근에는 회원 확보를 위해 가입비를 받지 않는다고 한다. 입회비가 무료지만, 신규 가입자 수는 약간 감소하고 있다. 신규회원은 등록카

〈요코하마시 실버인재센터 사무실 내부〉

드에 경력, 자격, 건강상태, 원하는 일자리 등을 적게 되어 있다. 이 책 제1부에서 오카 교수가 언급했던 것처럼 전반적으로 실버인 재센터의 회원 수 확보는 목표치를 밑돌고 있으며, 요코하마시 실 버인재센터도 예외가 아니었다.

2015년도에 요코하마시 실버인재센터에서 회원들의 가입동기 를 조사한 결과를 보면, 삶의 보람 찾기 및 사회참여가 31.4%로 가 장 높았고, 경제적 이유가 29.3%, 건강유지 및 증진이 20.1%, 시간 적 여유 가지기가 14.6%의 순으로 나타나서, 삶의 보람과 사회참 여에 대한 욕구가 가장 큼을 알 수 있다. 하지만 회원 중 약 30%는 경제적인 어려움으로 인한 생계형 참여자여서 실버인재센터의 소 득확보 기능도 중요하다.

한편 2015년 기준으로 센터의 전체 예산은 42억 5,864만 엔인데, 그중 회원에게 배분된 금액은 38억 4,102만 엔이었다. 자료의 '회 원에게 배분되는 예산'이 궁금해서 스즈키 차장에게 물었다.

"회원에게 배분되는 예산이란 센터가 하는 여러 가지 활동 중 공익활동을 수행하는 회원들에게 지급되는 활동비 총액을 말합니 다. 즉, 공익형 일자리의 활동수당은 공공예산에서 지급되며, 이 예산은 38억 엔 이상으로 전체 예산 중 대부분을 차지합니다."

실버인재센터의 총예산 중 90% 이상이 공익활동에 참여하는 회 원들에게 지급되고 있음을 알 수 있다. 이런 사업구조는 우리나라 노인일자리사업의 공익형에서도 마찬가지다. 결국 공익형 사업의 역할은 초고령사회 일본에서 고령자들을 집 밖으로 나오게 함으로 써 건강과 사회적 관계망을 유지하게 하는 것이다.

그리고 요코하마시 실버인재센터의 총예산 중 공익활동 참여 고령자들에게 지급되는 활동비 38억 엔을 제외한 운영비의 대부분은 국가 및 지방자치단체의 보조금으로 충당한다. 그중 국고 예산은 1억 893만 엔, 요코하마시 예산은 7,760만 엔으로, 대략 10:7의 비율로 국가와 지자체가 분담하고 있다. 그 밖에 회원들이 일자리를 통해 벌어들이는 수입 중 일정 비율(8%)은 센터에 적립되어 운영비의 나머지를 충당하게 된다. 이렇게 볼 때 실버인재센터는 총예산의 규모는 크지만, 그중 대략 90%에 해당하는 대부분은 사회공헌형 활동을 하는 회원들에게 주어지는 수당이다. 그리고 실제로 경제활동에 참여하는 회원들은 참여정도에 따라 배당금 형태의 수당을 따로 지급받으며, 그중 8%를 센터의 운영비로 돌려준다. 실제로 다음 사례에서 보듯이 활동을 많이 하는 회원들은 민간 일자리를 통해 적절한 수입을 확보함으로써 적은 연금에 보태어 안정적인 생활을 한다고 했다. 우리는 이 책에서 주로 경제활동에 참여하는 고령자들의 모습을 부각시키고자 했다.

3) 일자리 및 역량강화 기회 제공

요코하마시 실버인재센터는 우선 가정, 민간 기업, 공공기관 등으로부터 고령자에게 적합한 임시, 단기업무를 위탁받아 회원들에게 제공해 준다. 이 센터에서 위임받는 주된 일거리는 청소, 육아지원, 시설관리, 상품관리, 판매, 포스팅, 전표정리, 컴퓨터 입력 등이다. 업무는 공공 및 외곽단체, 민간 기업에서 주로 발주를 받는데, 그중에는 민간 기업에서 발주되는 일의 비중이 가장 높다. 민간 기업 중에는 슈퍼마켓이나 유통 관련 업체의 비중이 높은 편이다. 일에 참여하는 고령자는 보수규정에 따라 업무실적에 대한 배분금(보수)을 받게 된다.

한국의 경우도 이와 유사하다. 한국의 노인일자리사업은 공익형과 민간이 의뢰하는 소위 시장형으로 구분된다. 그리고 점차 공익형보다는 시장형 일자리를 확대하여 자립을 도모하고자 한다. 특히 노인일자리사업 전담기관인 시니어 클럽에서는 공익형보다 민간시장형사업의 비중이 높다. 반면 복지관이 주로 담당하고 있는 노인일자리사업은 주로 공익형이며, 공공예산으로 참여자들에게 매월 활동비를 지급하고 있다.

한편 요코하마시 실버인재센터는 일자리와 구직자를 이어 주는 역할뿐만 아니라, 고령자들의 역량강화를 위해 각종 기능강습회를 개최하고 있다. 예를 들어 사고방지를 위한 안전 및 기계조작 방법교육이나 갈등방지를 위한 연수 등을 실시하고 있다. 강습회의 단골 메뉴로는 녹지관리, DIY, 하우스클리닝 등이 있으며, 연수과정으로는 조경 및 화단작업 시의 안전, 현장에서의 손님응대법 등이 많이 실시된다.

4) 사회참여 기회 확대

실버인재센터는 일자리 확보에 더해 고령자들에게 사회참여 기회를 확대하는 것도 주된 목적이다. 따라서 회원들의 자원봉사활

〈요코하마시 실버인재센터 홈페이지〉

동을 촉진하고 사회적 관계망 형성을 독려하기 위한 활동을 적극
적으로 펼친다. 담당자인 무라타 씨는 요코하마시 실버인재센터
에서도 회원들의 자발적 참여를 유도하고 시민들과의 접촉 기회를
확대하기 위해 다양한 시도를 하고 있다고 한다.

"회원들의 자주적인 활동지원을 강화하기 위해 그들이 보유한
전문기술 및 기능을 살려 강습회를 개최하면서 재능기부를 유도하

기도 합니다. 작년에는 빵 만들기, 국수 만들기, 컴퓨터 강좌 등을 개설하였고, 초등학생 대상의 보습교실도 운영하였습니다. 장소는 센터본부 작업실이나 조리실, 관련 단체의 사무실을 활용하고 있습니다. 또한 회원 간의 교류회를 정기적으로 갖는다든지, 회원 개인뿐만이 아니라 지역사회의 활성화를 유도하기 위해 사진, 공예 등의 전시회를 개최하기도 합니다."

이런 활동은 고령자들이 재능, 기술, 지식을 가지고 주민들과 직접 만나게 되므로 그들의 순수한 사회참여를 이끌어 내는 사회공헌형 활동이다. 만약 젊은 세대가 수요자라면 고령자의 지원을 받음으로써 고령자에 대한 존경과 신뢰를 키울 수 있어서 그들이 고령자에 대해 가지고 있던 편견을 줄이고 세대 간 통합을 추구할 수 있을 것이다. 존경, 신뢰, 연령편견의 극복과 같은 키워드는 이미 세계보건기구가 추구하고 있는 고령친화도시 프로젝트에서 중요한 가치로 부각되고 있다. 결국 실버인재센터 회원들의 사회공헌적인 활동은 젊은 세대와의 공감대를 확대시켜 줌으로써 센터사업의 경제적인 목적 못지않게 지역사회를 건강하게 만드는 데 기여할 수 있겠다.

5) 새로운 서비스의 개발 및 보급

요코하마시 실버인재센터에서는 2013년에 고령자들에게 필요한 짧은 시간의 가사 서비스를 자체적으로 개발하여 보급하고 있다. 일상적인 가사활동에 어려움을 겪고 있는 고령세대를 대상으

로 하는 장보기, 외출, 세탁 등 간단한 가사를 지원하는 프로그램을 개발한 것이다. 이 프로그램의 특징은 고령자 가구의 가사활동 전반을 지원하는 것이 아니라 약 30분에서 60분 이내에 완료할 수 있는 서비스를 제공하는 것이다. 이러한 활동을 '간단지원(ちょこっと サポート)'이라고 한다. 무라타 씨는 가사활동의 시간에 따라 대응방법을 구분하고 있다고 한다.

"우리는 2013년에 이 사업을 시범사업으로 시행한 후, 요코하마의 많은 지역에서 전개하고 있습니다. 그리고 고령자 가구에서 60분 이상의 가사활동을 신청한 경우에는 기존의 가사지원 서비스로 대응하고 있습니다. 이러한 간단지원 프로그램은 기존의 가사지원 서비스의 한계를 보완해 준다는 점에서 매우 고무적입니다."

실제로 여러 가지 가사 욕구는 재가노인들에게 늘 존재한다. 따라서 이 서비스는 당장에 필요한 문제만을 즉시 해결해 준다는 측면에서 매우 좋은 사례라고 생각한다. 우리나라에서도 우리 실정에 맞는 아이템을 중심으로 단시간 서비스를 발굴하여 제공한다면, 노인부부가구나 노인단독가구의 불편함을 조금이나마 해소할 수 있을 것이다.

6) 사업 정착과 확대를 위한 센터의 노력

실버인재센터가 더 역동적으로 역할을 하려면 무엇보다도 지역사회 내에서 더 많은 틈새 일자리를 발굴하여 회원들에게 경제활동 기회를 제공해 주어야 한다. 요코하마시 실버인재센터는 사업의 원활한 진행과 확대를 위해 요코하마시에 여섯 개의 사무소를 두고, 각 사무소별로 두 명의 사업추진 직원을 배치하고 있다. 수주량을 확대하기 위해 배치된 사업추진원들은 발주처 사업소를 방문하여 수주확대와 취업한 회원들의 상황을 확인하고, 신규 발주처를 발굴하기도 한다. 센터의 자료에 따르면 2015년 기준으로 사업추진원들은 5,416건의 방문상담을 진행하였으며, 새로운 발주처를 발굴하기 위해 안내책자를 배포하였다. 또한 이들은 회원모집을 위해 안내책자를 배포하는 등 일자리 확보와 더불어 회원 확보를 위해 노력하고 있다.

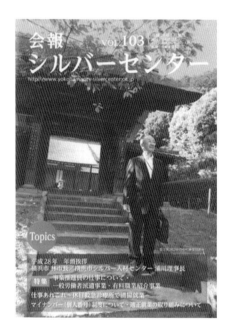

〈요코하마시 실버인재센터에서 발행되는 회보지〉

회보지는 센터의 공지사항, 강습회 안내, 취업내용, 안전에 대한 계몽 등 회원들에게 필요한 정보를 제공하며, 연 3회 제작하여 배포하고 있다.

현재 일본에서는 아이돌봄이나 노인돌봄 등 돌봄사업의 수요가 갈수록 확대되고 있다. 이러한 변화에 따라 돌봄 서비스를 제공하는 비영리단체들도 점차 증가하는 추이다. 따라서 NPO조직이나 협동조합이 이 분야에서 많은 역할을 하는 것처럼 실버인재센터도 돌봄 수요 증가에 맞춰 서비스 공급을 주요 사업으로 추진하고 있다. 스즈키 씨에게 요코하마시 실버인재센터도 사회적 수요에 맞춰 대응하고 있는지 물었다.

"우리 센터는 육아·고령자 지원업무를 확대하기 위해 '복지 및 가사원조 서비스 회원 코디네이터'를 여섯 개 사무소에 각각 두 명씩 배치하였습니다. 이를 통해 업무발주 측의 요구에 맞추어 신속하고 적정하게 대응하기 위해 취업한 회원들과 적극적으로 소통하고, 회원들에게 상담을 해 주거나 모임을 조직하여 취업활성화를 모색하고 있어요. 그 결과 2014년 대비 2015년에는 발주 건수가 3.7% 증가했고, 계약금액도 5.6% 증가하였습니다. 앞으로도 이 분야에 더 적극적으로 대응해 나갈 생각입니다."

사업이 확대되면 회원 수도 많아지고 회원들의 활동시간도 늘어난다. 그러면 고령자들에게는 활동에 따른 안전대책이 필수적일 것이라 생각된다. 우리는 무라타 씨에게 회원들의 안전을 위한 대책이 있는지 물어보았다.

"우리 센터는 회원들의 안전대책에 대해서도 많은 노력을 기울이고 있습니다. 예를 들면 취업한 회원들에게 손해사고나 배상책임사고 등이 발생하는 경우가 있습니다. 우선은 이러한 사고를 미연에 방지하기 위해 다양한 강습회와 인식개선을 위한 활동을 합니다. 또한 회원들에게 긴급사태에 대비하여 연락처가 기록된 긴급연락카드를 업무 중에도 소지하게 한다거나, 센터 직원이 휴일에도 교대로 근무하면서 연락과 조정을 합니다. 뿐만 아니라 사고에 대비하여 상해 및 배상 책임사고를 보상하는 실버인재센터 종합보험에도 가입하고 있지요."

이처럼 고령자들이 활동하는 센터에서는 사고를 예방하고 조기에 대응하기 위해 필요한 조치를 다하고 있었다. 기관 차원에서 이렇게 대응하는 것은 고령자들의 취업이나 사회공헌활동을 확대하는 수단이 된다. 이를 통해 고령 노동력이 가지고 있는 취약점을 최대한 보완할 수 있고, 서비스 이용자들도 고령자 활용에 따른 부담을 최소화할 수 있을 것이다. 우리나라 노인일자리사업에서도 안전대책으로 보험가입을 하고 있다. 그 내용은 다음 사례에서 소개하기로 한다.

고령자들은 경제적 목적이든 사회공헌의 목적이든 실버인재센터를 통해 생산적인 활동을 하고 있다. 즉, 자신들을 위한 경제활동을 포함하여 노년기 생활을 활기차게 유지하면서 사회적 관계망도 확대하고 있는 것이다. 요코하마시 실버인재센터에서는 이러한 목적에 따라 취업지원 외에 회원들의 자치활동도 적극 지원하고 있다. 예를 들면 회원 교류회를 정기적으로 개최하고, 서예,

유휴농지 이용을 통한 농업진흥

실버농원에서 식재료 안전관리

학교급식 식재료 공급

지역사회교류를 통한 활기찬 마을만들기

버려진 농지 활성화

아동의 안전 지킴이   어린이 미래 추진

등하교 지킴이

안전한 마을만들기 봉사

지역의 전통과 문화 전수

아동의 안전지킴과 건강한 성장 지원

개호예방* 활동

개호예방에 참여

삶의 보람 응원

말벗 자원봉사

개호예방 활동 및 돌봄지원 자원봉사

[그림 13] 요코하마시 실버인재센터의 다양한 봉사활동

출처: 2018년 요코하마시 실버인재센터 홈페이지에서 발췌하였음.
* 돌봄대상자가 되는 것을 예방 또는 치매예방 등이 있음.

사진, 공예 등의 작품 전시회도 열고 있다.

7) 사례 - 홍보 관련 일을 하는 니시야마 히사코 씨

요코하마시 실버인재센터의 회원인 니시야마 히사코 씨는 현재 82세로 요코하마시 실버인재센터를 통해 재취업하였다. 활동경력을 물으니 나이에 비해 상당히 또렷한 목소리로 말해 주었다.

"저는 만 18년 동안 활동해 오고 있어요. 주로 홍보 관련 일을 하는데, 기업을 방문하여 홍보물을 배포하거나 전단지를 발송하는 등 주로 단순한 작업을 합니다. 한 달에 6일 정도 일을 하고, 기업

〈자신 있게 말하는 니시야마 히사코 씨〉

을 방문하는 일이 있으면 20일 정도 일을 해요. 5월과 10월에는 지역 축제나 학교 운동회 등 행사가 많아서 일을 더 많이 합니다."

노년기에 의욕적으로 활동하는 것은 생산적 노화 또는 적극적인 노화positive aging 이론으로 설명할 수 있다. 즉, 노화가 진행어도 개인적으로나 사회에 긍정적 영향을 미치는 일을 적극적으로 한다는 것이다. 그가 고령임에도 불구하고 열심히 일하는 모습이 상상되었다. 어떤 계기로 이 일을 시작하게 되었는지 물어보았다.

"옛날에 영양사로 일을 하다가 임신하면서 그만두었어요. 그 후에는 취미활동을 주로 하고 있었는데, 신문에서 실버인재센터의 모집광고를 보고 시작하게 되었습니다. 홍보지 배포의 일이었는데, 다리 운동도 되고 지역사회와 관계도 가질 수 있다고 생각했어요. 배포업무를 싫어하는 사람도 있겠지만, 저는 그 일이 괜찮다고 생각해서 등록했죠. 등록 시에 하고 싶은 일을 쓰는 칸이 있었는데, 저는 배포가 좋다고 썼습니다."

그는 실버인재센터의 일을 통해 건강과 사회적 관계를 증진시키고 싶었단다. 실제로 얼마나 걷는지 물어보았다.

"때에 따라서는 3만 9,000보 정도 걷는 때도 있었습니다. 그러나 무리하지 않으려고 해요. 지금은 대체로 1만보 정도를 걷고, 많을 때는 2만 5,000보에서 3만 5,000보 정도 걷습니다. 지금은 많이 줄

였죠. 전에 선거가 있었을 때는 4일 동안 홍보물을 9,000장이나 배포했습니다. 제가 아마 톱이었을 겁니다. 정말 열심히 일했죠."

인터뷰하는 동안 그는 소신과 선호가 뚜렷하게 보였고, 단순히 신체적 건강이 좋은 것 이상이라는 생각이 들었다. 우리는 고령이 되어도 자신의 의지대로 살아가는 그의 당당함이 기분 좋게 다가왔고, 그런 좋은 기운 속에 인터뷰를 계속하였다.

아무리 일이 좋아도 그 일이 자원봉사의 성격을 갖지 않는 한 일에 대한 보상은 현실적으로 일을 지속하는 데 영향을 미치게 된다. 니시야마 씨에게 매월 받는 보수를 물어보았다.

"보수는 월별로 차이가 크지만 월평균 6-7만 엔 정도 받고 있어요. 기업체를 방문하여 홍보물을 배포하면 일하는 일수가 늘어나서 소득이 많아집니다. 저에게는 여기서 받는 소득 정도로 충분해요. 무엇보다도 월 19만 엔 정도의 연금을 받고 있어요. 여기서 번 돈은 전부 저축을 하지요. 기본적으로 검소한 생활을 하는 탓인지 저축에는 손을 대지 않고 있습니다. 7년 전 남편의 장례비용도 자식들에게 의존하지 않고 제가 부담했답니다."

그의 대답을 들으면서 근검절약하면서 독립적으로 사는 여성 고령자의 대표적인 모습을 본다는 생각이 들었다. 그리고 그는 소득 못지않게 일을 통해 활기차고 행복한 시간을 보내고 있다면서 밝게 웃었다.

"저는 오히려 자식과 손자에게 조금씩 돈을 쓰고 있답니다. 저에게는 월별로 들쑥날쑥 하는 일거리와 소득은 문제가 되지 않습니다. 그보다는 오히려 일을 하면서 경제적 이익과는 다른 중요한 것을 얻고 있다고 생각해요. 그래서 일하는 것이 행복하고 생활에 활력이 됩니다."

실제로 그는 인터뷰 내내 매우 밝고 즐거웠으며, 긍정의 기운이 넘쳤다.

"제 스스로는 잘 모르지만, '니시야마 씨로부터 활력을 받습니다'라는 이야기를 자주 듣습니다. 힘든 일은 없어요. 여러 사람과 함께하니 즐거운 일이 많습니다. 저도 처음에는 선배들에게 혼나기도 했죠. 보통 그런 경험을 하면 꺼려하고 소극적이 됩니다. 여자들이 많으니까요. 하지만 저는 그대로를 받아들였고, 지금까지도 계속 일하고 있습니다."

그가 행복 바이러스를 널리 전파하는 역할을 하는 게 틀림없다고 생각했다. 실버인재센터를 통해 일하는 모든 회원이 일을 통해 행복과 즐거움을 경험하는 것은 아닐 것이다. 하지만 니시야마 씨는 요코하마시 실버인재센터를 적극적으로 활용하면 행복해질 수 있다고 확신하고 있었다.

"스스로 해 보려는 마음을 가지고 센터를 이용하면 기회도 늘어납니다. 단지 그냥 등록하고 기다리기만 한다면 만족할 수 없을 겁니다."

확실히 니시야마 씨는 상황에 대해 있는 그대로 수용하고 긍정하는 태도를 보여주었다. 상황을 부정적으로 보고 위축되기보다는 그것을 있는 그대로 수용하고 인정하는 태도를 가지는 것이다. 그러면서 자신에게 행복을 줄 수 있는 기회를 만들기 위해 적극적으로 실버인재센터를 활용하려고 노력한다는 점이 그가 우리에게 보여주는 삶의 방식이고 지혜일 것이다.

앞서 언급했듯이 고령자들이 다시 일을 시작할 때 가족들의 반응이 궁금했다. 니시야마 씨에게 가족들이 어떻게 생각하는지 물어보았다.

"제가 74세인가 75세가 됐을 때는 가족들이 그만두라고 했어요. 저에 대한 관심이 있어서 그런 말을 했겠죠. 제가 이 일을 계속 하고 있어서 건강하다고 말하니 이제는 아무런 말도 하지 않습니다. '무리는 하지 마세요'라고 말하는 정도죠."

니시야마 씨에게 앞으로 얼마나 더 일하고 싶은지 물어보았다.

"제가 스스로 되뇌는 것은 자신의 한계를 만들지 않는다는 것입니다. 몇 살에 관두겠다든가 앞으로 몸이 어떻게 바뀌어 갈지 모르니 그때를 생각해서 지금 그만두자든지 하는 생각은 없어요. 아마 더 이상 일하면 주위 사람들에게 폐를 끼치겠다고 생각되는 시기가 한계겠죠. 지금 82세니 85세쯤 되면 어려울지도 모르겠네요."

일반적으로 노화가 진행되면서 나타나는 노인들의 심리사회적 특성 중에는 과거에 비해 완고해지거나, 융통성이 줄어들고 과거 지향적이 되는 경향이 있다(김수영 외, 2017). 하지만 니시야마 씨의 경우는 노년기에 다시 일을 시작하면서 업무의 특성에 맞춰 본인의 태도를 긍정적으로 변화시켜 왔다고 짐작된다. 비록 단순한 일로 보일 수 있지만, 많이 걷고 많은 사람들을 만나서 전단지를 배포하고 적극적으로 홍보하는 일은 고령자가 하기에는 쉽지 않을 것이다. 그럼에도 불구하고 그 일을 20년 이상 해왔고, 앞으로도 더 할 의지가 있음을 솔직하게 표현한 것은 그가 노년기 일이 가지는 여러 측면을 제대로 이해하기 때문일 것이다. 그것도 19만 엔에 달하는 연금을 받는 사람이 80대의 나이에 이렇게 적극적인 활동을 하는 것은 흔히 볼 수 있는 사례는 아닐 것이다.

니시야마 씨는 실버인재센터에서 일하게 된 것에 전반적으로 만족한다면서 말을 이어갔다.

"저는 앞으로도 계속 일하고 싶고, 공식적인 연령제한이 없다는 점도 마음에 들어요."

그의 말을 들으면서 고령자들도 나이와 상관없이 건강이 허락한다면 계속 일하기를 원할 수 있음을 실감하였다.

그럼에도 불구하고 그와 인터뷰하는 동안 몇 가지 고민해 볼 과제가 드러났다. 우선, 실버인재센터에서 제공하는 일자리가 부족하다는 것이다. 실제로 그는 일을 구하는 고령자들에 대한 안타까운 감정도 드러냈다.

"현재 실버인재센터에 들어와서 일을 구하는 사람들은 불쌍해요. 왜냐하면 일이 많지 않기 때문이죠. 단순한 일은 신규회원들에게 주는 것이 좋다고 말하지만, 사무소에 따라서는 일이 부족해서 일과 참여자들을 희망에 따라 매칭할 수 있는 상황이 아닙니다. 그러다 보니 정원관리사처럼 사회적 트렌드에 부합하거나 아니면 관련 전문성이 있는 일을 제외하면, 전반적으로 참여회원들에게 제공되는 작업량은 많지 않고 오히려 줄고 있습니다."

게다가 지역 내에서도 사무소 위치에 따라 일의 양에 차이가 있다고 니시야마 씨는 말했다.

"일자리가 줄어드는 것도 문제지만, 요코하마시 실버인재센터의 여섯 개 사무소 간에도 차이가 있습니다. 남부사무소에는 일이 꽤 많아요. 왜냐하면 요코하마 시청에서 가깝기 때문이지요. 저는 가나가와구에 있는데, 일이 별로 없습니다. 예전에는 여러 가지 일이 많았는데 …, 부두에 창고가 있어서 일이 많이 들어온 것 같아요. 예를 들면 창고 안에서 여러 가지 물건, 필름, 와인, 케첩 등을 점검하는 일도 있었고요. 항구 옆에 있는 음악 홀에서는 연주회가 많았기 때문에 오는 관객들에게 전단지를 배포하기도 했답니다."

니시야마 씨와 길게 인터뷰를 하면서 요코하마시 실버인재센터의 향후 과제가 드러났다. 우선 실버인재센터는 일자리를 보다 적극적으로 확보해야 한다는 것이다. 특히 지역에 따라 일자리에 편차가 있는 것도 해결과제다.

또한 니시야마 씨는 참여회원들 중 상대적으로 나이가 많지 않은 사람들young-old을 참여시킬 수 있는 일자리 확보가 필요함을 에둘러 제안했다.

"저는 65세에 시작했지만 지금은 60세도 회원으로 들어옵니다. 60세는 아직 젊습니다. 머리도 명확하고요. 60세와 80세 전반의 사람이 함께 일하다 보면 같은 일을 해도 전혀 다르죠. 그래서 젊은 사람들을 위해서 일의 양을 좀 더 늘리고, 활발하게 일할 수 있는 기회를 만들어 주면 좋겠습니다."

니시야마 씨는 일자리의 양적 확보를 강조하였지만 그 이면에는 질적인 측면도 포함되어 있었다. 즉, 참여 회원의 연령대에 따라 일에 대한 활력과 능력이 다르기 때문에 일의 다양성과 질적 차이도 고려하여 일자리를 제공해야 한다고 제안했다. 우리는 더 많은 회원들을 만나 보지 못했지만, 20년 이상 경력을 가진 회원인 그가 지적한 문제는 향후 실버인재센터의 활성화를 위해 매우 중요한 과제라고 생각한다.

2. 기요세시 실버인재센터

기요세시 실버인재센터는 도쿄의 이케부쿠로역에서 세이부이 케부쿠로선을 타고 기요세역에 내려 도보로 10분 정도 떨어진 곳에 위치해 있다. 센터를 방문하자 센터장인 나가노 회장을 포함한 임원진 네 명이 우리를 기다리고 있었다. 그들은 미리 준비해 둔 자료로 거의 한 시간 이상 센터의 운영에 대해 설명했고, 바로 사무실 옆에 있는 몇 군데 사업장까지 안내해 주었다.

우선 나가노 회장은 실버인재센터의 현황을 설명하면서 센터가 수립한 중장기 계획 책자를 보여주었다. 앞서 소개한 요코하마시 실버인재센터처럼 기요세시 실버인재센터도 자체적으로 수립한

〈저자들과 인터뷰하는 기요세시 실버인재센터 임원진〉

왼쪽부터 기시 사무국장, 요시오카 차장, 나가노 회장, 나카무라 상무이사

계획에 따라 체계적으로 운영되고 있었다. 임원진들은 기요세시 실버인재센터와 산하의 여러 사업장 운영에 대해 설명하면서 상당한 자신감을 나타냈고, 특히 다른 지역 실버인재센터와 비교하여 기요세시 실버인재센터 운영의 차별성을 강조하였다. 뿐만 아니라 센터의 사업장에서 만난 참여회원들도 모두 자신의 개인생활과 센터활동에 대해 솔직하게 말해 주어서 일본에서 여러 사람들을 인터뷰하면서 가끔 가졌던 편견을 털어 낼 수 있었다.

1) 기요세시 실버인재센터의 운영현황

우리는 편안한 분위기 속에서 임원들에게 센터 운영에 대해 질문하였다. 우선 큰 체격에 보스다운 면모를 지닌 나가노 회장이 센터에 대해 자세히 설명해 주었다.

"기요세시 실버인재센터는 〈고령자고용안정법〉에 따라 국가, 도쿄도, 기요세시의 지원을 받아 공익 사단법인이 운영하고 있습니다. 우리는 기업이나 가정, 공공단체 등으로부터 여러 가지 일을 위탁받아 지역 내에서 경험이 풍부한 고령자들에게 제공하고 있습니다. 고령자들에게 일을 통해 보람과 건강 만들기를 권유하면서 활력 있는 지역사회를 만드는 데 기여하는 거지요. 참고로 현재 도쿄도에는 58개 지역에 실버인재센터가 설치되어 있습니다."

다른 실버인재센터와 마찬가지로 기요세시 실버인재센터는 운영이념과 원칙이 명확하게 제시되어 있다. 운영이념은 회원들이

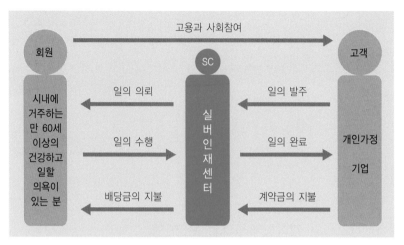

[그림 14] 기요세시 실버인재센터 사업 흐름도

주체가 되어 자주적으로 운영하며, 회원 개개인의 풍부한 경험과 지식을 살리고 상호 협력하면서 일을 개척한다는 것이다. 그리고 모든 실버인재센터의 운영방식대로 등록회원에게 일을 제공하고, 실적에 따라 보수를 '배당금'으로 지불한다. 그러므로 매달 정액의 보수를 지급하지는 않는다. 또한 실버인재센터에서 제공하는 일은 대부분 임시적 또는 단기적인 것이지만, 자격이나 지식, 전문적 기술 등이 요구되는 일은 그렇지 않은 경우도 있다. 따라서 일반적인 일은 회원들에게 고루 배분하고, 전문성이 요구되는 일은 자격이 되는 회원들에게 맡기고 있다.

또한 실버인재센터 업무의 특성은 일반적인 기업의 업무와 다르다. 기시 사무국장은 이런 업무특성을 다음과 같이 설명했다.

"업무의 성격상 실버인재센터와 회원, 회원과 발주자 사이는 고용관계가 아닙니다. 그리고 고용 관계가 아니므로 일을 하는 회원은 산재보험의 대상이 되지 않습니다. 따라서 일하는 도중이나 출퇴근 시 사고가 발생하는 경우에는 일부를 제외하고 개별적으로 가입한 실버보험(상해·손해배상)으로 처리하게 됩니다."

2) 5개년 계획에 따른 운영

앞서 언급했던 대로 기요세시 실버인재센터는 이미 2016-20년의 5개년 계획을 수립하였고, 현재 그 계획에 따라 운영하고 있었다. 계획에는 취업기회 확대 및 취업활동 중 고령자의 안전확보 등이 특별히 강조되어 있다. 관련하여 요시오카 차장의 말을 들어보았다.

"우리 센터는 2016년 4월부터 기요세시의 협조로 고령자 파견사업을 실시하고 있습니다. 앞으로는 제2기 중기계획에 근거하여 취업기회를 더 늘리는 활동을 추진할 겁니다. 그러면 다양한 취업기회와 업무수주 확보 등 회원들에게 일자리를 제공하는 실버인재센터의 역할이 더 확대될 것이라 생각합니다. 이를 위해서 우리 센터는 현재 기요세시와 더 많이 협력하고 있고, 농업분야로도 진출하는 등 지역사회나 고령자의 다양한 요구에 부응하면서 사업을 추진하고 있습니다."

한편 고령자들에게는 일할 기회를 적극적으로 제공하는 것도 중요하지만, 작업 중에 발생할 수 있는 안전문제도 반드시 고려해야 한다. 그러나 실버인재센터를 통해 의뢰되는 일은 대부분 고령 노동력의 특징이나 취약점들이 충분히 고려되지 않았을 것이라 짐작된다. 이에 대해 질문하자 나카무라 상무이사는 기요세시 실버인재센터에서는 회원들의 안전을 위해 적극 노력하고 있음을 강조했다.

"우리는 일을 수주해 오고 회원들에게 안내할 때는 후생노동성에서 감수하고 전국 실버인재센터 사업협회에서 발행한 《실버인재센터 적정취업 가이드라인》을 철저히 지키고 있습니다. 즉, 가이드라인에 따라 고령자 적합직종의 기준을 준수하고 안전을 가장 우선시하지요. 회원들에게도 자신의 안전에 대한 의식을 고양시키면서 '사고 제로'를 목표로 노력하고 있습니다."

그의 설명대로 다음 사진에서 보면 센터의 업무차량에는 "안전 취업 추진 중"이라는 문구가 붙어 있다.

3) 회원들의 사회봉사활동

실버인재센터 회원들의 역할 중에는 지역사회 봉사도 빼놓을 수 없다. 회원들은 지역사회와 연계하여 마을 대청소를 하고, 기요세시가 주관하는 종합방재훈련에 참여하며, 지역의 안전을 위한 방범대 활동 등 여러 가지 사회봉사 활동을 하고 있다. 또한 지역에 필요한 봉사활동을 계속 검토하여 회원들이 적극적으로 참여하면

〈안전의 중요성을 강조하는 나카무라 상무이사〉

서 지역사회와 밀접하게 교류하고 있다. 이런 활동에 대해 기시 사무국장은 명쾌하게 말했다.

"앞으로도 밝은 도시를 만들기 위해 회원 한 사람이라도 더 '보람활동'을 통해 사회에 봉사할 수 있도록 할 계획입니다."

그들의 자원봉사활동에 대한 설명을 듣고 나자, 요코하마시 실버인재센터 사례에서 언급했듯이, 실버인재센터의 활동은 소득을 얻기 위한 목적 못지않게 사회공헌적인 생각도 추구하고 있다. 즉, 의미 있는 비경제적인 활동을 통해 노년기의 행복하고 건강한 삶을 유지하고자 하는 것이다. 게다가 지역사회 구성원 중 누군가는 자발적으로 지역사회의 안전과 쾌적함에 기여해야 하는데, 이런 일을 고령자들이 솔선해서 한다면 세대 간 통합과 지역사회의 공동체성 회복을 촉진할 수 있을 것이다.

그들이 제공한 책자에서 사회봉사활동 사례를 몇 가지 소개해본다. 우선 연례행사로 매년 5월과 11월에 실시하는 기요세시 주최 시내 대청소(쓰레기 제로 활동)에 참가하고 있다. 또한 도쿄마라톤 축제 때는 환경자원봉사를 하고, 방범대를 조직하여 정기적으로 지역순회를 하며, 지역의 방재능력 향상을 위해 기요세시 종합방재훈련에 참가하고, 지역 고령자들의 이변과 생활상의 문제 등을 확인하여 기요세시에 연락하는 '지역관찰보호 네트워크 사업' 등 다양한 봉사활동을 하고 있었다.

4) 센터의 근무 여건과 수입

앞서 요코하마시 실버인재센터에서 했던 질문과 동일하게 회원들이 일하는 시간과 수입에 관해 나가노 회장에게 물었다. 그의 대답을 들으니 실버인재센터 회원들의 활동내용이 비슷함을 알 수 있었다.

"회원들은 주 2~3일, 하루 3~5시간 정도 근무하는 경우가 많습니다. 하는 일은 대부분 하청업무고, 그들이 받는 수입의 8% 정도를 센터 운영비 명목으로 받습니다."

회원들이 일하는 양은 우리나라 노인일자리 참여자들이 일하는 양과 유사하다. 하지만 회원들이 배당금 방식으로 급여를 받고 그 금액의 8%를 센터 운영비로 내는 것은 우리나라 노인일자리사업의 운영방식과 차이가 있다. 우리나라는 노인일자리사업 운영비를 공공예산에서 지출하며, 창업한 사업인 경우는 발생한 수익금에서 지출한다. 즉, 참여회원들에게 지급된 성과급에서 운영비를 마련하는 방식이 아니다.

　그는 회원들이 가입하는 보험에 대해서도 자세하게 설명해 주었다.

　"회원들을 위한 복지도 합리적으로 갖춰져 있습니다. 즉, 일하는 회원들은 반드시 개인적으로 배상보험과 상해보험에 가입해야 하고, 회원이 내는 연 2,000엔과 센터가 내는 부담금 300엔을 합쳐 회원 1인당 총 2,300엔을 보험료로 지불합니다. 센터가 부담하는 보험료 300엔은 회원들의 수입에서 받은 8%에서 충당하지요."

　앞에서 설명했듯이 회원들은 실버인재센터와 고용관계에 있지 않으므로 산재보험의 적용을 받지 않는다. 그 대신 개인이 배상보험과 상해보험에 가입하여 적용을 받는다. 이때 보험료는 피보험자인 회원이 내며, 일부는 실버인재센터에서 부담한다. 센터가 부담하는 부분은 회원들이 벌어온 수입으로 확보한 센터 예산에서 지불하므로, 결국 보험료는 회원들이 내는 것이라 볼 수 있다. 우리의 경우는 참여고령자들의 일부는 운영기관과 고용관계에 있고, 나머지 다수는 고용관계가 아니다. 고용관계에 있는 회원들은 근로기준법의 적용을 받는 근로자의 자격을 가진다. 근로자로서 관계가 성립하는 경우는 노인일자리 제공기관이 산재보험에 가입을 하고 해당자에 한해 건강보험과 고용보험의 보험료를 각각 납부한다. 그 외 대상자는 일본의 실버인재센터와 마찬가지로 상해보험을 적용받는데, 납부 주체가 고령자 개인이 아니라 기관이라는 점이 일본 실버인재센터와 다르다

이런 조건은 앞서 소개했던 헬로워크의 운영방식과는 상당히 다르다. 그러므로 이런 방식으로 운영한다면 비영리 사단법인인 기요세시 실버인재센터는 사업규모가 커질수록 센터의 자립기반이 탄탄해질 것이다. 이는 비영리 민간단체가 운영함에 따른 장점이라고 할 수 있다. 즉, 사업의 운영주체가 공공일 때보다는 비영리 민간일 때 기관운영이 더 자율적이고 탄력적인 경향을 띤다는 것을 보여준다.

실버인재센터가 소득창출의 기능만 하는 것은 아니지만 소득이 많이 발생하면 회원들에게도 당연히 유익할 것이다. 왜냐하면 센터의 회원들은 다양한 일에 참여할 수 있고, 일에 따라 시급이나 건당 보수 또는 배당금을 받기 때문이다.

"회원들의 급여는 매월 15일 지급합니다. 참여한 업무에 따라 시급, 건당 보수, 배당금 등이 주어지는데, 개인별로 합산하여 지급합니다."

이는 회원들이 여러 조건의 일에 탄력적으로 투입될 수 있기 때문이다. 이처럼 다양한 급여형태는 우리나라 노인일자리사업 전담기관인 시니어 클럽이 확대, 발전하는 데 참고할 만하다.

그리고 센터에는 다양한 일을 수탁하기 위해 전담직원이 채용되어 있다. 기시 씨는 전담직원의 업무와 급여에 대해 알려줬다.

"우리는 다양한 조건의 일자리를 발굴하기 위해 일을 발굴하는 영업직원을 세 명 채용하고 있습니다. 주로 발굴하는 일은 청소, 건물관리, 화단정리 등입니다. 전담직원의 보수는 전국 실버인재센터 기준으로 월 3만 3,000엔 정도입니다."

기시 씨의 설명을 들으니 일본 실버인재센터 회원들이 하는 일의 성격이 좀 더 명확해졌다. 즉, 실버인재센터는 지역사회에서 누군가는 해야 할 일이지만 정규인력을 고용하기에는 경제성 측면에서 용이하지 않거나 비용 대비 효과가 높지 않은 일거리들을 고령자들에게 연결함으로써 고령자들과 일을 의뢰하는 기관들이 상호 윈윈하도록 하는 것이다.

5) 일의 성격과 내용

우리는 앞서 기요세시 실버인재센터에서 인터뷰를 하면서 무엇보다도 지역사회 내에서 실버인재센터가 지속적으로 운영되고 발전하려면 센터에 의뢰되는 일의 양이 많아야 한다는 사실을 알았다. 그래야 회원들에게 좀 더 많은 일이 배당될 수 있을 것이다. 물론 점차 사회활동의 경력이 많은 신노년세대가 일자리를 요구하게 될 때는 일의 질적인 측면도 고려되어야 하지만, 당장에는 수주하는 일의 양이 중요하다고 보았다. 그래서 기요세시 센터에서는 어떤 기준에 따라 회원들에게 일을 배분하는지 나가노 회장에게 물어보았다.

"일이 들어오면 회원의 경험과 희망, 건강 등을 고려하여 일을 분배합니다. 하지만 만약 어느 회원이 더 많은 일과 수입을 원한다면 공공직업소개소인 헬로워크로 의뢰해 줍니다. 그리고 성별로도 주어지는 업무에 차이가 납니다. 남성들은 주로 시설관리 업무를 선호하고, 여성들은 방과후 교실이나 유아돌보기를 선호하는 편이지요. 대부분의 회원은 센터를 통해 일하는 것에 만족하는 편입니다. 그래서 회원들의 공통점이라면 일과 생활의 균형을 중요시한다는 겁니다. 즉, 그다지 힘들지 않은 일을 즐기면서 하고 개인적인 시간도 가지지요. 만약 전문적인 기술이 필요한 경우는 도쿄의 사업단이나 현의 실버인재센터에서 개최하는 연수에 참가하도록 연계합니다."

그의 이야기를 들으면서 현재 기요세시 센터에는 일의 양이 적지 않음을 짐작할 수 있었다. 회원들은 '일'을 하지만 '퇴직 전의 일'과는 달리 책임과 업무량이 가벼운 일에 참여하면서 노년기를 효율적으로 보내고 있는 것이다. 여러 차례 강조하지만 노년기에 일과 여가의 적절한 균형을 유지하는 것은 건강한 노년기를 보내는 데 매우 중요한 조건이 된다. 그러므로 실버인재센터는 노년기 '일'의 중요함을 알려 주고 실천하는 기회를 제공해 주는 매우 중요한 기관이라 할 수 있다.

6) 실버인재센터 참여회원의 변화에 따른 대응

현재 일본 베이비붐 세대는 이미 기존의 직장에서 퇴직했거나 재취업하여 은퇴에 가까워져 있다. 따라서 이들이 최종적으로 은퇴하고 실버인재센터에 가입하게 되면 회원들의 역량은 기존 회원들보다 더 높아질 것이다. 그러므로 앞으로는 센터가 수주해 오는 일의 종류나 수준도 고려되어야 한다. 이에 대해 나가노 회장은 이렇게 말했다.

"최근 우리 센터에서는 파견업무를 시작했고, 사업량도 점차 늘고 있습니다. 그렇지만 베이비붐 세대는 우선적으로 화이트칼라 업무를 원합니다. 하지만 현재는 그런 일을 거의 발굴할 수 없습니다. 파견업무가 확대되면 그런 일도 연계할 수 있을 것 같습니다만, 현재는 대부분 몸을 쓰는 일이지요."

그는 장차 일본 사회의 노동력 변화에 대해 다음과 같이 말했다.

"아무튼 앞으로는 경제활동인구가 줄어들면서 노동력이 부족해질 것이므로 고령자가 할 일이 늘어날 겁니다. 특히 경리, 운전, 요리 및 육아보조 등 서비스업에서 수요가 증가할 것으로 생각합니다."

  하지만 이런 수요는 일본 신노년들의 일자리에 대한 기대치에는 여전히 미치지 못한다. 실버인재센터가 고령자들에게 적당한 활동을 제공함으로써 일과 여가를 병행하는 소위 생산적 노화 정책을 추진하고 있지만, 사업의 성격은 아직 현재 고령세대의 역량이나 경험에 맞춰져 있다. 그 이유는 실버인재센터가 앞서 설립배경에서 설명했듯이, 다소 '비공식적인' 활동이라도 고령자들에게 사회참여 활동의 기회를 제공하기 위한 차원에서 수립된 정책의 산물이기 때문이다. 그러나 이제 신노년세대가 등장한 이후 사회참여를 희망하는 고령자들의 속성도 점차 변화하고 있다. 신노년의 수요를 반영하는 일자리를 발굴하기 위해서는 관련 공공정책의 변화는 물론이고, 실버인재센터의 변화도 필요할 것이다. 인터뷰를 진행하면서 느낀 바로는 임원진의 세대교체, 전문인력의 추가채용을 통한 새로운 일자리 발굴 등이 필요해 보인다. 이는 비단 초고령사회 일본에서만 나타나는 현상은 아닐 것이다. 어느 나라 할 것 없이 인구고령화에 따른 공통된 속성 중 하나는 노인계층이 두터워지고 있다는 것이다. 즉, 노인세대에 진입하는 인구수가 꾸준히 증가하는 한편, 수명이 길어짐에 따라 초고령노인도 여전히 생존해 있다. 이로 인해 고령화가 많이 진행된 사회에서는 젊은 노인부터 초고령의 노인까지 다양한 연령의 노인집단이 공존한다. 이런 현상으로 인해 이제 노인집단의 동질성은 많이 약화되고, 하위연령집단별로 특성이 두드러지는 경향이 있다. 비록 이들은 생애

주기에서 모두 노년기에 속해 있지만, 연령 스펙트럼은 크게 펼쳐져 있고, 그 속에는 다양한 생애경험이 존재한다. 노년기 사회활동과 관련해서 보면 젊은 노인들 중심의 신노년세대가 하위집단으로 등장하고 있지만 여전히 구노년세대도 적극적으로 사회에 참여하고 있다. 결국 현실적으로 다양해진 노인들의 수요에 대응하려면 하위연령집단별 수요에 접근하는 전략이 필요하다.

7) 고령 노동력의 장점과 사회공헌

일반적으로 노화가 진행되면 노동생산성이 감소된다. 특히 오늘날처럼 첨단기술이나 정보력, 창의적 사고가 요구되는 사회에서는 고령 노동력이 젊은 노동력에 비해 더 뒤처질 수밖에 없다. 그러나 평균수명이 연장되면서 고령 노동력의 사회참여가 확대되고 있는 현실을 고려한다면 고령 노동력의 가치는 기술력이나 전문성과는 다른 기준에서 해석되고 평가될 수도 있어야 한다. 즉, 고령의 노동력이 상대적으로 젊은 노동력에 비해 우수하거나 뒤처지지 않는다거나 또는 사회적 수요에 더 쉽게 접근할 수 있다는 이점들이 부각되어야 한다.

실버인재센터에서는 장기간 수많은 회원들이 활동해 온 경험을 통해 고령 노동력의 장점을 파악하고 있었다. 센터의 임원들이 말한 회원들의 강점과 좋은 사례를 소개해 본다.

"고령인 회원들의 장점은 젊은이들보다 경험이 풍부하고 친절하다는 겁니다. 그래서 지역의 고객들이 안심하고 일을 맡기는 편입니다. 이런 점은 고령자들이 가질 수 있는 이점이지요. 예를 들어 전구를 교체해 주러 갔는데, 그 집의 빡빡한 대문과 방문까지 수리해 주느라 1시간이 걸린 경우도 있습니다. 고객은 당연히 매우 좋아했지요. 그리고 회원들은 지역사회에서 자원봉사도 하고 있습니다. 제 딸이 자전거를 타고 밤에 어두운 곳을 지나가는데 불량배가 자전거를 쓰러트리고 가방을 훔쳐간 적이 있었습니다. 기요세시에는 가로등이 6,000개 있다고 합니다. 우리 회원들은 연 2회 가로등을 전수 확인하고 전구 500개 정도를 교체하였습니다. 이런 활동은 지역의 방범과 안전에 매우 유익한 일이지요. 특히 이런 활동은 민간회사가 하기는 어렵습니다."

특히 나가노 회장은 이런 경험을 한국에도 전하고 싶단다.

"한국의 지역사회에도 경험이 풍부한 고령자들이 많이 계실 겁니다. 그분들이 지역사회에 나와서 활동하고 마음을 담은 서비스를 주민들이나 지역사회에 제공하는 것은 매우 중요하다고 생각합니다."

임원들이 소개한 사례는 주로 일반적인 수준의 사회봉사활동이었다. 그리고 실버인재센터 회원들이 전체 고령자를 대표할 수도 없다. 따라서 더 좋은 경력을 가진 고령자들이 조직적으로 활동하는 사례는 파악할 수 없었다. 예를 들면 미국이나 유럽의 은퇴자협회나 또 다른 조직화된 단체에서는 전문직이나 고위직 출신의 고령자들이 사회공헌 차원에서 젊은 세대에게 영향력을 미칠 정도의 활동을 하는 사례를 많이 볼 수 있다(시리즈 2권《고령친화도시 행복한 노년: 스페인·포르투갈》'세꽂' 사례 참조). 일본도 은퇴한 베이비부머들이 조직화하여 사회공헌 차원에서 역량을 십분 발휘할 수 있는 기회를 가진다면 더 다양하고 질 높은 사회공헌활동을 기대해 볼 수 있을 것이다.

아무튼 고령자 중심의 사회봉사는 지역사회를 지역공동체로 견인하는 데 기여할 수 있다. 또한 젊은 세대는 고령세대의 자발적인 활동을 보면서 그들에 대한 존경과 신뢰가 깊어지는 계기가 마련될 수도 있을 것이다. 이는 곧 세대 간 공존의 중요성을 보여주는 것이며, 결과적으로 세대 간 통합을 추구하는 계기를 만들어내게 된다. 이 책의 서두에서 언급했듯이 고령자들의 사회 기여가 확대되고 축적되면 세대 간 신뢰와 존경이 굳건해지면서 초고령사회가 바라는 고령친화적 공동체 구축에 더 다가갈 수 있을 것이라 기대해 본다.

8) 센터의 홍보활동

고령의 회원들에게 더 많은 일자리를 제공하기 위해서는 지역주민들에게 실버인재센터를 널리 알리는 것이 중요하다. 이를 위해 기요세시 실버인재센터에서는 센터의 사업과 활동을 주민들에게 알리기 위한 홍보활동을 꾸준히 하고 있다. 즉, 지역주민들에게 센터의 고령자들이 하는 일을 더 많이 알려서 수주 가능한 일거리를 늘려 가자는 목표를 실행하는 것이다.

센터의 홍보책자에 소개된 활동들을 요약해 본다. 우선 시민축제나 사회복지협의회가 주최하는 교류 축제에 참가하여 티슈 전단을 배포하면서 센터사업을 홍보한다. 그리고 센터 자체적으로 축제를 만들어 재활용제품(가구·자전거 등) 판매, 식칼 갈기·도마 수리 등 이동성 활동을 실시하고, 수익의 일부를 공공단체에 기부한다. 그 밖에도 앞서 소개한 사회봉사활동들을 통해 센터의 존재를 알리고 수탁받은 사업을 홍보하기도 한다.

9) 사례 1 - 중고가구 수리를 하는 이치가와 씨

기요세시 실버인재센터가 운영하는 중고가구점에서는 회원들이 재활용가구를 수거하여 손질한 후 직접 판매까지 하고 있다. 우리는 임원들의 안내를 받아 센터 사무실 근처에 있는 재활용가구 판매장을 방문했다. 판매장 1, 2층을 둘러보니 제법 넓은 공간에 여러 종류의 가구들이 많이 전시되어 있었다. 각 층마다 큰 장롱, 침대 프레임, 소파, 책장들이 깔끔하게 진열되어 있었고, 그 사이사이에는 자그마한 전기제품이나 장식품 같은 소품들이 주인을 기다리고 있었다. 공동필자인 황재영 박사는 일본 사회사업대학 출신인데, 박사과정 재학 중에 이 매장에서 꽤 괜찮은 침대를 매우 싼값에 구입했다고 한다.

우리는 매장을 한 바퀴 둘러본 후에 회원인 이치가와 씨와 인터뷰했다. 사전에 인터뷰 요청을 하지 않았음에도 그는 우리가 몇 가지 질문을 하자 흔쾌히 자신의 활동과 개인생활에 대해 말해 주었다. 그는 80세이며, 아내와 둘이서 살고 있단다.

"저는 정년 후 무료하게 지내고 있었어요. 그런데 아는 공무원이 기요세시 실버인재센터를 소개해 주었고, 지금까지 약 18년간 일하고 있습니다. 현재 일주일에 5일, 하루 3-6시간 정도 일합니다. 보통 9시에 출근해서 오후 4시 정도에 퇴근합니다. 출근해서 1시간 정도 매장 청소를 하고 나서 가구수리를 합니다. 그 후에는 주로 중고가구를 수거하거나 판매한 가구를 고객의 집에 배달하는데, 오전에 3건, 오후에 3건 정도 하는 편입니다. 우선 지역주민들로부터 사용하지 않는 오래된 가구를 수거해 와서 수리하여 신상품처럼 만들어 전시합니다. 판매가격은 시중가격의 약 10-20% 정도로 매우 저렴하지요. 제가 하는 일의 대부분은 가구수리라고 보

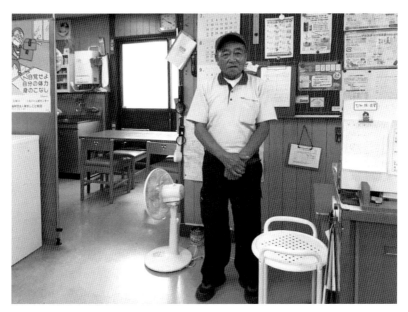

〈재활용가구 판매장에서 만난 이치가와 씨〉

〈재활용가구 판매장에 전시된 가구〉

진열대 안에는 여성회원들이 만든 수제품도 판매용으로 전시되어 있다.

시면 됩니다. 그리고 이곳은 판매장이어서 고객을 접하는 일에도 신경을 많이 씁니다. 사지 않고 가는 손님에게도 감사하다는 인사를 잘 해야 하지요. 고객응대를 위해 연수를 받기도 합니다. 대부분의 손님은 리사이클링된 가구의 상태를 보고 좋아하지만, 가끔은 이 정도밖에 안 되냐고 핀잔을 주는 손님도 있습니다. 아무튼 저는 최대한 인사를 잘 하려고 합니다."

이런 이야기를 하는 이치가와 씨는 계속 밝은 얼굴로 웃으면서 여유를 보였다.

그는 정년 전에 철공소에서 일을 하였단다. 그래서 현재 하는 일은 전직과는 거의 상관이 없지만, 18년간 일하면서 이제는 많이 숙련되었다고 자랑스럽게 말했다. 그는 주어지는 일의 양과 고령 노동자에게 위험요인인 안전에 대해 다음과 같이 말했다.

"개인적으로 일을 더 할 수는 있습니다. 하지만 센터에 수탁된 일의 양이 한정되어 있어서 동료회원들과 나눠야 하기에 적당히 하고 있습니다. 일을 할 때는 사고와 부상을 당하지 않도록 항상 주의하고 있습니다. 안전교육도 받고 매뉴얼도 있고, '안전 10개조' 구호를 만들어 외우기도 합니다. 그리고 저는 센터에서 일한 지 오래되어서 아침에 출근하면 주위 동료들에게 '오늘도 사고 없이 지내자'는 말을 인사처럼 하고 있습니다."

센터의 차량에도 "안전취업 추진 중"이란 문구가 보인다.

〈"안전취업 추진 중"이란 문구를 붙인 센터의 차량〉

퇴근 후의 일과를 물어보자 그는 환하게 웃으면서 말했다.

"일을 마치고 술 한 잔 하는 것이 제게는 큰 즐거움입니다. 한 달에 1-2번은 다른 사람들과 마시지만 대부분 집에서 혼자 마십니다. 마시면 기분이 좋아지고 컨디션도 좋아져요."

인터뷰에 응하는 그의 모습이 매우 여유로워 보여서 슬쩍 연금액과 현재 수입에 대해 물어보았다.

"연금은 연 200만 엔 정도고, 여기서는 월 4만-5만 엔의 수입이 있습니다. 보수는 하는 일에 따라 시급, 건당 수입, 판매수입 등으로 구분하여 받습니다. 수입의 대부분은 용돈으로 사용하지요."

그는 월수입은 얼마 되지 않지만 기본적으로 연금이 있기에 즐겁게 활동하면서 살고 있단다. 한참 이야기를 나누자 그는 더 솔직하게 센터의 실정에 대해 말하며 센터 회원으로서의 자부심을 드러냈다.

"센터는 건물이 낡았고 경영도 어렵기 때문에 개인적으로 크게 바라는 것은 없어요. 센터 경영에 도움이 되도록 향후 사업내용을 주위에 알리고, 지역 축제에서도 홍보하여 많은 사람들에게 센터를 더 알리고 싶습니다. 가끔 신입회원 중에는 돈에 욕심을 내면서 이곳의 수입이 적다고 불평을 하는 경우가 있습니다. 하지만 실버인재센터는 일과 즐거움을 함께 얻는 곳이지요."

한 시간 이상 진행된 이치가와 씨와의 인터뷰를 통해 은퇴자들을 위한 실버인재센터의 역할을 충분히 이해할 수 있었다. 그리고 회원들의 활동이 지역주민들에게도 소소하게 도움이 된다는 사실도 알았다. 가구재활용사업이나 지역 내 자원봉사활동은 지역 구성원 간의 교류를 통해 신뢰와 상호연대를 만들어 내고 있었다. 그들은 실버인재센터가 공공성을 기반으로 고령자들의 일자리를 창출하고 활기찬 노년을 추구하는 것을 견인해 주는 것이 곧 존재이유라고 생각했다. 하지만 센터의 지속가능성을 담보하기 위해서는 우선 사업량이 늘어나고 보다 특화된 아이템들이 발굴되어 시장경쟁력을 더 높일 수 있어야 하겠다.

이어서 이치가와 씨에게 사생활에 대해 묻자 스스럼없이 말했다.

"저는 취미로 골프를 치는데, 한 달에 한 번 정도는 필드에 나가서 친구들과 함께 즐기고 있습니다. 골프를 잘 치는 친구가 있어서 지도를 받는 것도 참 좋습니다. 현재 저는 아내와 둘이서 살고 있는데, 아들과 딸이 자주 찾아옵니다. 집에서는 가사를 도와서 쓰레기 버리는 일과 주변 청소를 하기도 합니다. 근데 요리에 손을 대면 아내에게 혼나지요."

라고 말하며 웃었다. 그리고 가족들도 자신이 실버인재센터에서 일하는 것을 매우 좋아한다고 덧붙였다. 게다가 가끔은 동네에서 자원봉사를 하고, 도쿄마라톤이나 큰 행사가 있을 때는 시내까지 가서 청소 등의 자원봉사활동을 한다고 말했다.

그는 마지막으로 "앞으로도 건강한 동안에는 계속 일하고 싶습니다"라고 힘주어 말했다. 인터뷰에 응한 모든 고령자들이 마무리하면서 한결같이 하는 말이다. 일이 있어서 건강하고, 일을 통해 행복감이 높아지니 더 오래 일할 수 있는 기회가 많이 만들어져야 하겠다.

10) 사례 2 – 소일거리 작업장에서 일하는 스즈키 씨

우리는 폐가구 리사이클링 장소 옆에 붙은 작업장을 방문했다.

제법 규모가 큰 작업장 내에는 방문 수리센터와 폐천 재활용 작업장이 있었다.

(1) 방문 수리센터

방문 수리센터에서는 주민들이 맡긴 일본식 창호지 방문을 수리하는 일을 한다. 우리가 들어가니 회원 두 명이 열심히 작업을 하고 있었다. 실내 한가운데에는 작업대가 두 개 놓여 있었는데, 한 사람은 자를 대고 한 치의 오차도 없이 문짝에 붙일 두꺼운 한지를 자르고 있었다. 다른 한 사람은 재단한 종이를 깨끗하게 마감된 문틀에 바르는 작업을 하고 있었다. 종이를 바르던 스즈키 씨는 종이를 탱탱하게 잘 발라야 문이 틀어지지 않는다고 설명도 해 주었다. 한쪽 벽에는 수리할 차례를 기다리는 문짝들이 여럿 세워져 있었다. 어떤 문짝은 문종이에 얼룩이 심하게 묻어 있었고, 종이가 찢어진 문짝들도 여러 개 겹쳐 세워져 있었다. 그중 어떤 문짝은 종이가 찢어진 흔적이 특이해서 물어보니 고양이가 발톱으로 긁은 흔적이란다. 다른 한쪽 벽에는 말끔하게 작업이 끝나고 말려진 문짝들이 의뢰인의 집으로 갈 채비를 하고 있었다. 수리비는 시중 가격의 절반 수준이라고 한다.

우리는 두 사람 중 스즈키 씨에게 양해를 구하고 잠시 이야기를 나누었다. 그는 나이가 73세였고, 과거에 회사에서 일을 하다가 퇴직하였단다. 현재 이 일을 7년째 하고 있는데, 전직과는 관련이 없지만 외부 연수를 받고 일을 하다 보니 어느새 정확하게 재단하고 탱탱하게 문짝을 수리하는 요령을 터득했다고 자랑스럽게 말했다. 옆에서 보기에도 정확한 손놀림이 매우 숙련되어 있었다. 스즈키 씨는 전통 일본식 방문을 수리하는 일은 이제 더 이상 시장경쟁력이 없다고 말해 주었다. 그나마 지역 내에서 필요에 의해 생긴 착한 가게가 있기에 소규모의 주문식 작업으로 겨우 살아남은 것이란다. 이런 일이야말로 실버인재센터처럼 지역사회의 요구에 기여하면서 일한 대가로 적당한 보상이 주어지는 비영리기관이 있어 가능하다. 이런 일은 지역주민들로부터 사회적 수요가 창출되고, 고령자들의 보람과 노동을 통해 성과가 나오는 '지속가능한 커뮤니티 비즈니스'다. 그리고 혹시 수요가 더 많다면 NGO가 주도하는 사회적 기업이 설립되어도 좋겠다는 생각을 해 보았다.

〈폐가구 리사이클링 작업장 옆에 자리 잡은 소일거리 작업장〉

〈소일거리 작업장에서 방문을 수리하고 있는 회원들. 창호지를 규격대로 자르고 문틀에 붙이는 작업이 협업으로 이루어진다(상)〉

〈수리를 기다리고 있는 방문과 배달되기까지 한곳에 모아둔 수리된 방문(하)〉

나아가서 이런 특성을 가진 아이템들을 지역사회 내에서 발굴하는 작업도 지역 기반의 공동체 속에서 자연스럽게 이루어지면 진정한 '상생'과 '공생' 또는 '공존'을 추구할 수 있을 것이다.

(2) 폐천으로 걸레를 만드는 작업장

기요세시 실버인재센터의 임원진은 다른 것을 더 보여주고 싶은 듯 센터 사무실이 있는 건물 바로 옆에 위치한 창고식 2층 건물로 우리를 안내하였다. 1층으로 들어가자 창고식 공간의 바닥에 엄청난 양의 폐천이 여러 뭉치 쌓여 있었다. 세차장이나 정비소에서 사용하는 걸레인데, 센터회원들이 폐천을 수거해 와서 걸레로 만든다. 여기서 만들어진 걸레는 기름을 많이 쓰는 주차장이나 정비소 등에서 일회용으로 가져간다. 창고의 한편에 설치된 작업대에서는 아직 제대로 잘리지 않은 폐천 조각들을 정리하고 있었고, 다른 한쪽 구석에는 이미 가지런히 정리되어 배송 나갈 준비가 된 걸레 묶음도 여러 뭉치 보였다. 이런 일이야말로 노인일자리에서 발굴해야 하는 일 중 한 가지이며, 누군가는 해야 할 틈새 일자리다. 아마 우리나라에서도 영세업체들이 이런 일을 하고 있겠으나, 노인일자리로 발굴할 틈새가 충분히 있을 것 같다.

〈수거해서 작업실에 모아둔 폐천(상)과 그것으로 만든 걸레 묶음(하)〉

제3장
협동조합

1. 일본 고령자협동조합의 등장

이미 많은 나라에서는 다양한 분야에서 협동조합이 결성되어 운영되고 있다. 하지만 고령자들이 주도적으로 협동조합을 구성하여 지역사회에서 여러 가지 사업을 하는 경우는 그다지 흔치 않을 것이라 짐작된다.

우리는 오사카 고령자생활협동조합을 방문하여 이사장인 우수즈 유조 씨와 이사인 이와세 에리코 씨와 인터뷰를 하였다. 우선 고령자들이 중심이 되는 고령자협동조합의 등장배경에 대해 질문하였다. 우수즈 이사장은 여러 가지 자료를 참고해 가면서 조합의 등장에 대해 설명해 주었다.

"일본에서는 1990년대에 고령자 협동조합이 조직되기 시작하였습니다. 그 당시에 근로자 협동조합을 '폭넓은 시민 참여'라는 취지로 결성을 권고하면서 시작되었어요. 그 연장으로 고령자협동조합의 결성 취지는 급속히 고령화되는 일본에서, '와병생활을 하지 않는' '건강한 고령자들이 더 힘차게' 활동하게 한다는 것이었습니다. 그리고 활동의 원칙을 '일', '복지', '보람'으로 삼으면서, 우선 1995년 이후 지역의 복지사업소를 전국적으로 확대해 갔습니다. 그리고 2001년 11월에는 일본 고령자생활협동조합연합회도 결성했습니다. 이 연합회에는 2016년 현재 22개 고령자생활협동조합이 가입해 있고, 조합원 총 수는 4만 5,799명, 사업액은 약 71억 4,627만 엔에 이르고 있지요."

그의 설명을 들으니 초고령사회 일본에서 고령자들의 사회참여 방안 중 한 가지로 호혜 성격을 가진 협동조합이 등장했던 것으로 이해된다. 이와세 이사에게 고령자협동조합은 고유사업 외에도 어떤 활동을 하는지 물어보았다.

"각 조합은 고령자 중심의 협동조합이라는 취지에 맞춰 회원들을 위한 활동도 독자적으로 해 나갑니다. 예를 들면 고령자 주장대회, 연구회, 창작극 공연, 조합원이 직접 옷을 제작한 패션쇼, 건강만들기나 취미를 통한 교류 등 다채로운 활동을 하고 있지요. 이에 더해 개호예방과 건강만들기를 지역 내에서 추진하고 있으며, 고령자 자신이 주체적으로 참여하여 다른 세대와 연대하여 안심하고 계속 살 수 있는 지역 만들기를 추진하고 있습니다. 이를 위해

조합원 30만 명(이 협회는 가족과 지원자들도 조합원이 될 수 있음)을 목
표로 확대해 나가고 있고, 지역복지를 실천하는 사업장을 만드는
일에도 힘쓰고 있답니다."

요약하자면 일본의 고령자협동조합은 본래 사업의 목적에 따라
운영하면서 조합원인 고령자들의 복리를 도모하는 활동도 여러 가
지 하고 있음을 알 수 있다.

2. 오사카 고령자생활협동조합

1) 오사카 고령자생활협동조합의 설립이념과 확대

이어서 우리는 대표이사 우수즈 씨로부터 오사카 고령자생활협
동조합(이하 고령자생협)의 운영에 대해 들었다.

"오사카 고령자생협은 1997년 9월에 50명이 참여하여 총회를 거
쳐 설립되었어요. 그리고 2000년 9월에는 '누워만 있지 말고 건강
한 고령사회를 만들자'라는 슬로건하에 생활협동조합 법인으로 인
가를 받았습니다. 오사카 고령자생협은 모든 사람이 풍요롭고 활
기차게 생활할 수 있는 지역사회를 만들자는 바람을 실현하기 위
해, 복지, 일자리, 삶의 보람을 사업의 핵심 목표로 정해 활동하
고 있습니다."

우수즈 대표이사는 조합의 설립이념은 노년기를 활기차게 보내면서 사회에 기여하고 자신도 건강하고 보람된 노년을 누리자는 것이라고 말했다. 이어서 그는 오사카 고령자생협은 2000년 개호보험이 시작되면서 법인격으로 인가를 받아 노인돌봄사업을 실시하고 있다고 설명하였다. 2001년 이후로는 사업을 더 확대하여 안심스테이션, 2002년에는 노인주간보호센터, 2009년에는 지역포괄지원센터를 위탁하여 지금까지 운영하고 있다.

협동조합의 회원이 되려면 오사카시 후쿠시마구에 위치한 고령자생협 본부나 오사카부 네 개 지역의 안심 스테이션에 입회원서를 제출하면 된다. 가입시 출자금은 1구좌당 1,000엔이며, 최저 1개 구좌에 출자하면 조합원이 될 수 있다.

〈오사카 고령자생활협동조합 우수즈 대표이사(좌)와 이와세 이사(우)〉

2) 오사카 고령자생협의 대표사업

이와세 이사는 오사카 고령자생협의 사업 중 노인을 대상으로 하는 사업으로 협동부대와 지역포괄지원센터 사업을 소개하였다.

"협동부대는 자신에게 익숙한 집에서 계속 살고 싶다는 노인들의 욕구를 충족시키기 위해 개호보험제도에서 지원하지 않는 사소하지만 중요한 일들, 예를 들면 잔디 풀 뽑기, 가사대행, 가구 이동, 전구교체 등을 지원하는 사업입니다. 말하자면 협동부대는 공식적인 돌봄 서비스에는 포함되지 않지만 노인들의 일상생활에 필요한 문제에 대응하는 특화된 서비스지요. 이 사업은 중앙정부나 지방자치단체의 지원 없이 조합원의 출자금으로 운영되고 있습니다."

〈오사카 고령자생활협동조합 사무소가 위치한 건물〉

출처: Japan Workers' Co-operative Union 홈페이지.

그는 협동부대처럼 '착한 사업'은 경쟁적인 이익보다는 지역사회 구성원들의 편리한 삶을 지원해 주는 선한 기능에 초점을 두고 있다고 강조하였다. 이어서 그는 공공의 예산지원을 받는 지역포괄지원센터에 대해서도 설명해 주었다.

복지 오랫동안 살아온 익숙한 장소에서 자신답게 살 수 있는 인생을 보내기 위해 마을만들기와 그것을 실현하기 위해 복지사업을 하고 있음. 고용 및 피고용 관계와는 상관없이 자립적인 일과 경영에 참가하여 만들어 내는 워커스코퍼(日本労働者協同組合連合会-Japan Workers' Co-operative Union)임. 안심 스테이션은 그 거점시설임.	 
일 지금까지 축적해 온 지식과 경험, 인맥을 활용하여 일자리 만들기에 힘쓰고 있음. 일자리의 목적은 건강하게 여생을 보내기 위해, 사회참여를 위해, 지원을 받는 대상에서 지원하는 사람으로 변화하는 것임.	 
삶의 보람 새로운 삶의 보람을 찾을 수 있도록 취미나 특기를 살린 자주적인 활동을 하고 있음. 조합원이 세 명 모이면 새로운 서클로 등록이 가능함. 내가 참여하는 곳에서 건강과 친구를 만듦.	 

〈오사카 고령자생활협동조합에서 하는 활동들〉

출처: Japan Workers' Co-operative Union 홈페이지.

"우리가 운영하는 지역포괄지원센터는 돌봄이 필요한 노인들의 다양한 욕구를 원스톱으로(포괄적으로) 해결해 주기 위해 지자체로 부터 위탁받은 기관입니다. 지역에 거주하는 허약한 노인들을 발굴하여 지속적으로 관리하면서 필요한 서비스를 연계해 주지요. 이 사업의 이점은 돌봐줄 가족이 없는 허약한 노인이 자신의 집에서 돌봄을 받으며 계속 거주할 수 있게 해 줌으로써 요양시설이나 병원에 입원하는 것을 예방하거나 지연시켜 주는 겁니다."

지역포괄지원센터는 커뮤니티에 기반을 두고 허약한 노인을 돌봐주는 'community care' 또는 'community-based care'의 기능을 한다. 센터는 우선 대상노인을 발굴한 후 욕구사정을 거쳐 그들에게 필요한 복지용구나 재가서비스를 연계해 주면서 지속적으로 모니터링한다. 이 사업의 목표는 비록 병약한 노인이라도 가능한 한 지역사회에 오랫동안 머물 수 있도록 지원하는 것이다. 즉, 살던 곳에서 돌봄을 받으면서 살아가기aging in place를 추구하는 것이다. 그리고 이러한 목표를 위해 지역사회의 여러 돌봄 자원들을 연계해 주는 기능을 한다. 즉, 센터가 돌봄에 필요한 서비스를 모두 가지고 있지 않더라도 지역사회 내에 여러 돌봄 운영기관들을 연계하여 해당 노인에게 필요한 서비스를 여러 가지 묶어서 제공하는 중개 역할을 하는 것이다. 예를 들면 방문요양 서비스, 목욕 서비스, 청소 및 허드렛일 서비스, 정서지원 서비스, 병원이나 금융기관 방문 시 동행 서비스 등 지역사회에 거주하는 허약 노인의 일상생활에 필요한 자원들을 연계하여 가정방문을 통해 서비스를 제공해 준다. 이런 서비스 연계방법은 사례관리case management라고 한다. 즉, 사례관리 서비스를 통해 고령자에게 필요한 서비스들을 묶어서 재가서비스로 제공해 주게 된다. 재가서비스는 '내 집'에 계속 살고 싶은 고령자들의 욕구를 충족시킴으로써 자존감과 프라이버시를 지켜 준다는 장점이 있다. 결과적으로 재가서비스는 허약한 노인들의 시설 조기입소를 억제하여 그들이 좋은 삶을 더 오래 유지하도록 하고, 국가나 지방자치단체의 노인돌봄에 따른 재정부담도 줄여 주게 된다. 재정부담을 줄인다는 것은 값비싼 요양시설이나 병원에 입원하는 것보다 단가가 낮은 여러 가지 재가서비스를 묶어서 제공하므로 돌봄비용이 더 적게 든다는 것을 뜻한다. 여기에 내 집에 머물 수 있다는 장점까지 추가하면 지역포괄지원센터의 통합서비스는 매우 중요한 역할을 한다고 평가할 수 있다.

이에 더해 공식적인 기관인 지역포괄지원센터가 제공할 수 없는 사소한 일들은 앞서 소개한 협동부대가 지원한다고 했다. 이 사업은 허약한 노인들이 지역사회에 거주하면서 겪게 되는 여러 가지 사소한 어려움을 해결해 주는 것이다. 즉, 일차적인 돌봄 욕구에 대응하고 더 나아가서는 매우 사적인 개별 욕구도 촘촘한 서비스를 통해 해결해 줌으로써 일부 돌봄욕구가 있는 노인이라도 자신의 추억이 남아 있는 집과 정든 이웃과 친숙한 동네에서 더 오래 지낼 수 있게 해 주는 것이다.

노인을 가장 잘 이해하는 사람은 누구보다도 노인이다. 그러므로 고령자들이 중심이 된 조직이 노인돌봄센터를 제대로 운영한다면 가장 이상적일 것이다. 협동부대 서비스는 회원인 고령자들이 발굴한 참신한 아이템일 거라고 생각해 보았다. 협동부대 서비스와 같은 참신한 아이디어는 우리나라에서도 충분히 적용해 볼 수 있을 것이다. 운영주체는 일본의 협동조합처럼 새로운 조직을 만들어서 시작해도 좋겠지만, 기존의 노인일자리사업 중 공익형이나 사회서비스형 사업에서도 가능할 것이라 생각한다.

3) 오사카 고령자생협 운영현황

오사카 고령자생협은 지역포괄지원센터를 비롯하여 몇 가지 주요 사업을 수행하고 있다. 우수즈 대표이사에게 조합의 운영에 대해 물어보았다.

"우선 조합의 총 회원은 2,679명입니다. 그중 대부분은 60세 이상의 고령자이고, 100세 이상의 조합원도 네 명이나 있습니다. 센터의 재정을 보면 개호보험(약 연 2억 4,000만 엔)과 장애인 자립지원 서비스(약 5,000만 엔)로부터 들어오는 수입이 전체의 98%를 차지하고, 그 외 지역포괄지원센터 위탁운영에 따른 수입금 등이 일부 있습니다. 고용형태는 1년마다 계약을 하면서 지속적으로 일하게 하는 지속고용제도를 적용하고 있고, 조합원이 희망하면 협동부대에서도 일할 수 있습니다. 협동부대의 활동은 복지 서비스와 성격이 다르므로 희망하는 회원들이 참여합니다. 그리고 우리 협동조합의 사업 중 개호보험과 관련된 일에 종사하는 간호사나 운전사들은 조합원이 아니라 개호보험에 적용되는 근로계약에 따라 고용되어 일하는 사람들입니다."

그의 설명을 들으니 조합운영 예산의 대부분은 개호보험과 장애인 자립지원 서비스 시행에 따른 수입임을 알 수 있다. 즉, 이 두 사업이 오사카 고령자생협의 중심축이 되는 것이다. 일본의 개호보험은 우리나라 장기요양보험과 같은 제도로, 오사카 고령자생협은 주로 방문요양, 방문간호, 방문목욕 등의 재가서비스를 제공하고 있다. 또한 장애인 자립지원 서비스도 장애인을 대상으로 하는 재가서비스로서, 개호보험 서비스처럼 공식적인 서비스formal service를 회원이 아닌 보건복지의료 전문가들이 수행하고 있다.

한편 서비스 이용자들 중에는 여러 가지 서비스를 동시에 필요로 하는 경우도 있다. 이때는 사회복지 전문기술인 '연계'를 통해 대상자들의 욕구나 필요에 부응하여 여러 서비스를 동시에 제공하기도 한다. 즉, 'total service'를 제공해 주어 서비스의 효율성을 높인다는 것이다. 예컨대 개호보험을 통해 방문요양 서비스를 받으면서 지역 내의 다른 기관으로부터 가사 서비스나 차량 서비스, 병원진료 서비스, 도시락 서비스 등을 동시에 받을 수 있다. 또한 오사카 고령자생협에서 운영하는 협동부대 서비스는 공식적인 서비스는 아니지만, 집에서 생활하는 허약한 노인에게는 매우 요긴한 서비스로서, 집에서 살면서 발생하는 불편함을 줄여 주는 역할을 한다. 이런 서비스가 신속하게 노인들의 요청에 대응하여 제공된다면, 혼자 살아가는 의존적인 노인이라도 더 오래 '내 집'에서 살 수 있게 될 것이다. 이와 관련된 사례를 우수즈 대표이사로부터 들었다.

"우리는 돌봄 서비스를 제공하면서, 필요하면 개호보험에 적용되는 서비스와 협동조합의 특화된 서비스를 연계하기도 합니다. 만약 개호보험 수급노인이 보험에서 제공하는 서비스 외의 서비스를 요청하면 협동조합의 안심스테이션이나 지역포괄지원센터의 코디네이터가 해당 업무를 지원할 사람을 추천하여 서비스를 제공하기도 하지요. 예를 들어 수급노인이 아침에 강아지 산책을 요청하면 방문요양에 더해 협동부대 서비스가 동시에 제공됩니다."

일반적인 협동조합의 특성으로 볼 때 오사카 고령자생협 회원들은 의뢰받은 일에 고루 참여하여 적절한 이윤을 가져갈 것으로 예상된다. 회원들의 수입에 대해 우수즈 대표이사에게 물었다.

"고령 조합원의 경우 개인에 따라 차이는 있지만 하루 2~3시간 정도 활동을 합니다. 그리고 일자리 참여에 따른 보상은 1시간에 약 800엔 정도로 최저임금을 확보하려고 노력합니다. 하지만 일하는 사람들의 대다수는 개인 수익보다는 사회활동에 참여하려는 목적이 더 큽니다."

이어서 우수즈 대표이사에게 오사카 고령자생협은 회원들에게 어떤 교육을 시키고 있는지 물었다.

"회원들에게 노인 및 장애인 돌봄 서비스를 위한 교육을 제공하고 있으며, 필요에 따라 다양한 교육을 실시하기도 합니다. 그리고 조합의 회원들은 동아리를 만들어 활동하고 있는데, 각 동아리에는 책임자가 있어서 자발적으로 잘 운영되고 있어요. 또한 동아리 간 교류도 정기적으로 이루어지고 있고, 교류활동을 위해 조합 사무국이 지원을 합니다. 그래서 동아리 간 교류는 대략 연 10회 정도 열리고 있습니다. 특히 교류활동에서는 지식과 전문성이 있는 회원들이 적극적인 역할을 하지요."

이처럼 회원 중 전문가들이 특별히 역할을 하는 것은 뒤에서 소개하는 NPO 경영지원클럽 사례에서도 유사하게 볼 수 있다. 이런 인적 자원의 활용방식은 우리나라에서도 적용해 볼 수 있을 것이다. 고령자 중 전문인력을 적극적으로 발굴하여 그들이 가진 훌륭한 경험과 역량을 발휘할 수 있는 기회를 줌과 동시에 사회적으로는 유용한 인적 자원을 폭넓게 활용하는 기회를 확보한다는 의미다.

4) 오사카 고령자생협의 향후 목표

대표이사 우수즈 씨에게 조합의 향후 계획에 대해 물어보았다.

"오사카 지역에는 고령자생협의 거점이 될 만한 조합이 없습니다. 현재 대부분의 조합들은 개호보험처럼 사회보험에 기반을 둔 사업을 맡아서 운영하고 있어요. 왜냐하면 이런 공식적인 서비스를 제공하는 데 따른 예산이 지원되므로 조합을 안정적으로 운영하려면 개호보험에 적용되는 사업을 해야 하거든요. 하지만 향후에는 좀 더 지역사회에 밀착하여 지역의 주민들이나 고령자들에게 필요한 서비스를 제공해야 합니다. 그리고 이를 통해 노인일자리를 만들어 고령화된 지역사회에 활력도 불어넣어야 하지요. 저는 앞으로 우리 조합이 지역사회의 육아문제를 해결하기 위해 일반 보육시설에서 제공하지 못하는 보육 서비스를 제공하는 지역센터를 만들 계획입니다. 그리고 지역사회의 공동체성을 회복하고 고령친화적인 지역사회를 만들기 위해 전 세대가 자유롭게 모일 공간을 마련할 계획도 가지고 있습니다."

그의 계획대로 사업이 시행된다면 지역단위에서 비영리적 성격을 가진 협동조합을 통해 더 양질의 보육 서비스가 제공되고 보육 사각지대가 해소될 수 있을 것이다. 뿐만 아니라 이런 계획이 실행되면 고령자들의 사회활동을 촉진시켜 늙어가는 사회에 활력을 불어넣고자 하는 그의 바람이 이루어지고 젊은 세대와의 교류를 확대하여 세대 간 통합도 가능할 것으로 기대해 본다.

〈기요세시역 앞 대형 쇼핑센터의
관리업무를 위탁받아 운영함〉

제4장
NPO

일본의 경우 고령자의 경제활동에서 중요한 역할을 하는 주체로 NPO를 들 수 있다. NPO는 지역사회에 뿌리를 두고 주민들의 자발적인 참여의지와 의사결정을 기본원리로 하여 설립되었다. 이런 NPO는 고령자 경제활동을 위한 참신한 아이디어가 제시되면 그것을 현실적으로 사업화할 수 있다는 장점이 있다. 하지만 주민들의 자발성과 참여가 조직화되지 못하거나 재정문제가 해결되지 못하면 지속적인 활동이 어려워지거나 조직의 목적을 달성하기 어렵다는 약점이 있다. 그렇지만 NPO는 주민이나 지역사회의 특별한 수요를 반영하거나 공공영역의 한계를 보완할 수 있다는 점에서 보면 새로운 영역의 주체라고 하겠다. 일반적으로 고령자 경제활동을 위한 공공지원사업들은 지역사회의 특수성을 반영하지 못하고 보편적인 정책수단을 우선적으로 고려할 수밖에 없다. 또한 이런 목적을 위해 공공의 전달체계를 완벽하게 구축하는 것도 원천적으로 불가능하다. 그러므로 어떻게든 공공체계와 자발적인 민간체계가 상생을 위해 상호작용을 해야 한다. 이런 취지에서 만들어진 것이 일본의 NPO다.

이 장에서는 미타카시에 위치한 '시니어 SOHO 보급 살롱 미타카'와 도쿄도 치요다구의 '경영지원 NPO 클럽'이 고령자들의 경제활동을 매개하면서 지역사회에 공헌하는 사례를 살펴본다. 이들은 모두 특정비영리활동법인으로 등록되어 있는데, 특정비영리활동법인은 2년간 비영리로 운영을 하고 인정을 받은 NPO법인이다.

1. 시니어 SOHO 보급 살롱 미타카

1) 조직의 설립목적과 활동내용

'시니어 SOHO 보급 살롱 미타카'(이하 시니어 소호)는 이미 우리나라 공중파 방송에 보도된 적이 있는 단체다. 우리는 미타카시에 있는 사무실을 방문하여 대표인 구보 씨와 인터뷰하였다. 아래 내용은 구보 대표와의 인터뷰 내용과 시니어 소호의 여러 자료를 중심으로 기술한 것이다.

우리는 2대 대표인 구보 씨와 마주앉았다. 우선 이 단체가 언제 시작되었는지 물어보았다.

"특정비영리활동법인인 '시니어 소호'는 1999년 1월에 '풀뿌리

컴퓨터 클럽 연구회'로 발족했고, 그 해 9월 통산성의 '시니어 벤처 지원사업'을 위탁받아 임의 단체로 활동을 시작했습니다. 그 후 2000년 11월에 특정비영리법인으로 인증을 받아 지금까지 사업을 해오고 있어요."

1998년 일본은 다양해지는 지역구성원들의 욕구에 부응하여 여러 가지 서비스를 제공하기 위해 〈특정비영리활동촉진법〉을 제정하였고, 그 법적 근거에 따라 많은 민간단체들이 특정비영리활동법인, 즉 NPO로 등장하기 시작했다. NPO들이 주도했던 사업은 커뮤니티 비즈니스로 자리 잡았으며, 주로 보건, 의료, 복지, 사회교육, 마을만들기 등의 사업을 수행하고 있다. 많은 NPO들은 법인격을 갖추고 커뮤니티 비즈니스를 통해 공공이 추구하고자 하는 목적을 지역 단위에서 소소하게 이루어가기 시작했다. 시니어 소호도 그 당시에 이런 사회적 추이에 따라 설립된 기관이다.

구보 대표는 설립목적을 간단하게 말해 주었다.

"우리 시니어 소호의 설립목적은 건강한 고령자들에게 자신들의 삶의 활동 근거지와 생애전환의 계기를 만들 수 있는 장소(플랫폼)를 제공하고, 그들이 커뮤니티 비즈니스를 하도록 지원하는 것입니다."

그래서 그들이 수행하는 커뮤니티 지원사업은 몇 가지 목적을 가지고 있단다.

"첫째는 원기왕성한 고령자들을 지역사회에 데뷔시키는 것으로, 교류 및 자기발견의 장을 제공하는 것입니다. 둘째는 고령자들로 하여금 IT기술을 습득하여 그것을 지역사회에 보급하게 하며, 이를 위한 지원 서비스를 제공하는 것이지요. 셋째는 지역문제 해결을 지원하는 것입니다. 결국 이런 목적을 달성하기 위해 커뮤니티 비즈니스를 활성화하도록 지원하고, 고령자들이 여기에 참여하도록 유인하지요."

구보 씨가 말한 시니어 소호의 세 가지 목적은 앞서 NPO가 등장하게 된 배경과 같은 맥락이며, 특별히 고령자들이 역할의 주체라는 특색이 있다.

그는 자신들의 사업성과에 대해 다음과 같이 의미를 부여하였다.

"커뮤니티 지원사업이라는 것은 시니어 소호로서는 매우 중요한 개념입니다. 커뮤니티 비즈니스는 결국 지역의 문제를 해결하기 위해 지역주민들에게 사업(비즈니스)이라는 수단을 제공하는 것이지요. 그리고 유료로 돈을 받고 사업활동을 하는 것은 그 사업활동에 대해 책임을 지고 지속적으로 해나간다는 것을 의미합니다. 즉, 사업활동을 계속해야만 주민들에게 책임을 지울 수 있고, 회원들도 실천하는 과정에서 자아를 실현할 수 있답니다."

그의 말을 들으니 시니어 소호의 역할과 성격이 명확하게 정리되었다. 시니어 소호 커뮤니티 비즈니스의 주체는 지역 고령자들이고, 참여하는 고령자들은 주민들에게 필요한 비즈니스를 함과 동시에 자신들도 보람을 얻는다.

이런 취지에 따라 설립된 시니어 소호의 정관에는 다음의 활동유형이 명시되어 있다. 아래 내용을 보면 활동영역이 매우 광범위하다.

① 보건의료 또는 복지증진을 위한 활동, ② 사회교육을 추진하기 위한 활동, ③ 마을만들기를 추진하기 위한 활동, ④ 학술, 문화, 예술, 스포츠 진흥을 위한 활동, ⑤ 환경보전을 위한 활동, ⑥ 국제협력 활동, ⑦ 아동을 건전하게 육성하기 위한 활동, ⑧ 정보화 사회의 발전을 위한 활동, ⑨ 경제활동의 활성화를 위한 활동, ⑩ 직업능력의 개발 또는 고용기회의 확충을 지원하는 활동, ⑪ 앞의 활동을 실시하는 단체의 운영 또는 활동과 관련하여 연락, 조언, 원조해 주는 활동들이다.

시니어 소호는 기관의 미션을 달성하기 위해 강좌사업부, 학교사업부, 신규사업부, 지역활동[1]이라는 네 개의 사업부를 두고 커뮤니티 비즈니스로 운영하고 있다. 강좌사업부에서는 고령자인 강사가 지역의 고령자들에게 컴퓨터를 교육시킨다. 고령인 수강자들의 특징이나 취약점을 잘 알고 있는 강사는 역시 고령자라는 이점을 활용할 것이다. 각종 컴퓨터 강좌는 시니어 소호가 입주한

---

1   지역활동에는 사업부라는 명칭은 없다. 하지만 시니어 소호에서는 하나의 사업부처럼 소개하고 있고, 실질적으로 네 개 사업을 맡고 있다.

건물인 산업플라자 1층에 마련된 PC룸에서 열린다. 학교사업부는 미타카 시내의 한 중학교로부터 사업을 위탁받았다. 신규사업부는 사업을 따기 위해 영업활동을 하는 부서로, 공모사업에 응모하거나 기업 등에 사업을 제안하기도 한다. 지역활동이란 지역사회 및 지역주민들에게 좀 더 향상된 성과를 보장함은 물론 지역사회 공헌을 위해 여러 가지 활동을 기획한다.

2) 조직의 구조와 운영

시니어 소호의 조직을 보면 총회 아래 사무국과 이사회가 있고, 이사회 아래 운영위원회와 프로젝트 매니저를 두고 있다. 운영위원회는 이사와 운영위원들이 모여 조직의 전반적인 활동방향과 전략을 논의하고 결정한다. 시니어 소호에서 가장 눈에 띄는 것은 프로젝트 매니저의 역할이다. 고령자들의 참여와 활동도 중요하지만 시니어 소호에서 가장 중요한 역할을 하는 존재는 바로 프로젝트 매니저다. 이때 '프로젝트'란 수주 받은 사업을 말한다.

프로젝트라는 말이 좀 생소해서 구보 대표에게 물었더니 프로젝트를 통해 사업이 실행되고 수익을 배분하기까지의 전 과정을 자세히 설명해 주었다. 그의 설명을 듣고 나니 규모가 큰 사업을 프로젝트라고 칭한다는 것을 알았다.

"프로젝트는 1년간 100만 엔의 계약금을 따내면 사업으로서의 재정요건을 갖춘 사업이 됩니다. 재정규모가 갖춰진 프로젝트가 생기면 이를 운영할 프로젝트 매니저가 필요해집니다. 즉, 매니저는 프로젝트의 관리책임자지요. 그러면 회원 전원에게 메일을 보내 프로젝트 매니저를 공모하고, 응모한 사람 중 한 명을 매니저로 지정합니다. 선정된 프로젝트 매니저는 회원들에게 SNS와 이메일을 통해 프로젝트 내용을 소개하고, 자신과 함께 사업에 참여할 사람들을 모집해서 팀을 만들어 그 프로젝트를 운영하게 됩니다. 시니어 소호에는 2016년 7월 현재 약 열 명의 프로젝트 매니저가 있고, 이들은 프로젝트에서 발생하는 수입과 지출의 1년치 데이터를 관리하면서 운영합니다."

그의 말을 들어 보니 프로젝트가 제법 큰 규모의 사업임을 알 수 있었다. 이어서 그는 사업수입의 배분에 대해서도 설명하였다.

"프로젝트를 통해 얻은 수입은 프로젝트를 따온 영업자에게 10%, 프로젝트 매니저에게 10%, 시니어 소호에 20%가 배분되고, 나머지 60%는 직원과 참여 고령자 등 실제로 일을 한 사람들에게 돌아갑니다. 영업자에게 배정하는 10%는 일종의 인센티브와 실비인데, 이는 신규사업을 따오는 것에 동력을 제공하는 차원에서 지급하는 거지요. 또한 기관인 시니어 소호도 20%의 수익을 올리게 되므로 많은 프로젝트를 따오고 더 많은 고령자들의 참여를 유도할수록 조직의 안정성과 지속성이 커진다고 보시면 됩니다."

이러한 배분기준을 듣고 나니 NPO의 운영방식이 쉽게 이해가 되었다. NPO는 공공성을 기반으로 하는 실버인재센터보다는 수

익성과 유연성, 효율성 등을 중시하면서 운영한다고 볼 수 있다.

3) 회원자격 및 매출현황

NPO의 특성을 조금 알고 나자 회원자격이 궁금해졌다. 고령자들은 어떤 조건을 가져야 입회 가능한지 구보 대표에게 물었다.

"회원은 주로 지역사회 고령자들입니다만, 실제로는 연령이나 지역적 한계를 두고 있지는 않습니다. 그래서 미타카시는 물론 세계 어디에서도 회원가입이 가능하도록 개방되어 있습니다. 다만 정회원이 되기 위해서는 전자메일 교환이 가능해야 하고, 현재 지역사업에 참여하고 있거나 향후에 참여할 의사가 있어야 하지요. 그리고 정회원은 연 회비 1만 엔을 납부해야 합니다. 메일회원은 일본의 1도 6현 외의 지역에 주소가 있는 사람으로서, 연 3,000엔을 납부해야 자격이 주어집니다. 또 찬조회사의 경우에는 3만 엔을 납부해야 해요. 그리고 회원신청은 온라인이나 팩스로 가능하고, 지정계좌로 회비를 송금하면 됩니다."

이런 조건을 가진 회원 수가 얼마나 되는지 궁금하였다.

"2016년 7월 현재 참여회원은 105명이고, 그중 여성이 30% 정도입니다. 일반적으로 NPO 중에는 여성이 다수인 조직이 많지만, 우리 시니어 소호는 컴퓨터 중심의 사업이기 때문에 남성회원 수가 많은 편이지요. 평균 연령은 68세이고, 최고령은 88세랍니다."

〈표 3〉 시니어 소호의 연간 회원수 및 매출액

연도	1999	2000	2001	2002	2003	2004	2005	2006
회원수(명)	70	120	180	220	250	285	250	220
매출액(백만 엔)	5.3	12.0	47.0	55.0	65.0	57.0	53.0	65.0
연도	2007	2008	2009	2010	2011	2012	2013	2014
회원수(명)	200	180	150	160	170	170	160	145
매출액(백만 엔)	93.0	96.0	97.0	105.0	95.0	94.7	100.4	90.1

자료: 시니어 소호 내부자료(2016).

참고로 〈표 3〉을 보면, 회원수는 2004년에 285명으로 정점을 보이다가 그 후 점차 감소하고 있다. 반면 매출액은 꾸준히 증가하고 있는데, 이는 커뮤니티 비즈니스의 규모가 점차 커진다는 것을 의미한다. 즉, 사업의 1인당 생산성이 높아진다는 긍정적인 측면을 보여준다. 이것은 고령자들이 은퇴 후에도 역량을 갖추고 경제활동을 지속할 수 있다는 것을 시사하는 고무적인 결과다. 물론 회원수가 줄어든 것은 더 많은 고령자들에게 기회를 주고자 하는 목적에서 볼 때는 재검토되어야 한다. 이를 위해서는 커뮤니티 비즈니스의 규모를 더 키워 활성화시키고 경쟁력 있는 아이템을 더 발굴하여 참여인원 수를 늘리는 방안이 검토되어야 하겠다.

4) 주요 프로젝트

시니어 소호의 대표적인 프로젝트를 몇 가지 살펴본다.

(1) 미타카 생생 플러스

이 프로젝트는 건강보호사업으로, 건강한 고령자들이 지역에서 활발하게 활동할 수 있도록 정보를 제공하고 일을 매칭하는 사업이다. 시니어 소호의 회원이 아니어도 프로젝트의 회원이 될 수 있다. 프로젝트 회원들의 회비는 없다. 이 프로젝트는 연 사업비가 500만 엔 규모이며, 회원은 약 2,400여 명이다. 회원들이 하는 활동은 서클 활동, 회의참석, 자원봉사, 강습회나 ICT 강습회 참여 등 자기학습을 위한 것이다. 활동 중에는 급여를 받지 않고 참여하거나 일정액을 지급받는 매칭 참여가 있다.[2] 이 사업에 참여하는 회원이라도 시니어 소호 회원이라면 연회비 1만 엔을 내지만, 그것이 싫은 사람은 회비 없이 프로젝트에만 등록하면 된다. 이 사업은 15년째 지속되고 있다.

(2) 학교 에인절스

학교 에인절스는 초등학교 보호사업이다. 아침 8시부터 하교 시까지 2인 1조로 오전과 오후에 각각 1명의 회원이 투입되어 학교에서 활동을 한다. 활동내용은 아이와 말벗하기, 숙제 봐주기, 등하굣길 순찰 등이다. 현재 약 30명의 회원이 참여하고 있으며, 10년째 지속되고 있다. 이 사업에는 지역의 많은 단체들이 참여하고 있는데, NPO 중에는 시니어 소호가 유일하게 참여한다. 시니어 소호 차원에서 보면 이 사업은 연간 2,700만 엔 규모의 큰 프로젝트다.

---

2 구보 대표는 전자를 자원봉사 베이스, 후자를 비즈니스 베이스라고 표현하였다.

(3) 두근두근 서포트 미타카

두근두근 서포트는 무료 노인직업소개사업이다. 이 사업은 55세 이상의 고령자들을 대상으로 하는 헬로워크 사업이라고 보면 된다(헬로워크 사업의 대상은 전 연령층임).[3] 즉, 공공직업안정소인 헬로워크와 협력하여 고령자들에게 활동기회를 제공해 주는 것이다. NPO 중에서 헬로워크와 연계하여 직업소개를 하는 기관은 시니어 소호가 유일하다. 이 사업은 회원 중에 커리어 상담사 또는 산업 상담사 자격증을 가지고 있는 회원 네 명이 맡아서 운영하고 있다. 참여회원들의 1인당 월평균 수입은 20만 엔 정도다. 고령자들은 주로 지역의 녹화사업, 학교 보안관 활동, 제조업 시간제근무 등에 취업을 하게 된다. 이 사업은 참여회원들이 원하는 일을

〈미타카시 홍보지에 실린 컴퓨터 교실 홍보〉

---

3 제1부 제3장 헬로워크 부분 참조.

찾을 때까지 지원해 준다.

(4) 컴퓨터 교실

일본 정부는 정보화사회의 흐름에 부응하여 16년 전부터 무료 컴퓨터 교육사업을 시작했다. 그 당시에는 컴퓨터를 모르는 고령자들이 많아 사업의 시의성이 있었다. 당시 미타카 지역에서는 시니어 소호가 사업을 위탁받아서, 지역 컴퓨터 교육의 1/3 정도를 담당하였다. 하지만 이제는 컴퓨터를 모르는 사람이 거의 없어서 변화가 필요한 시점이다.

이 밖에도 시니어 소호는 '학교 운동장 녹화사업', '골프장 잔디관리사업', '스마트폰 가지고 산책하기' 등의 사업을 운영하고 있다.

5) 시니어 소호의 사회적 기여

시니어 소호를 포함하는 비영리기관들은 사업 또는 활동을 통해 지역사회와 참여자들의 삶에 긍정적인 영향을 미친다. 구보 대표는 시니어 소호의 사회적 기여에 대해 이렇게 말했다.

"여기서 활동하는 고령자들은 각자의 일을 차분하고 성실하게 하고 있습니다. (중략) 최근에는 고령자도 건강해지고 지역의 사람들도 고맙다고 말해 주어 일하는 우리도 매우 즐겁네요. 돈이 목적은 아닙니다. 예를 들어 일을 하면서 지역의 아이들로부터 감사하다는 인사를 받으면 상당한 존재감을 느낄 수 있지요. 특히 학교 보안관은 수입이 월 3만 엔 정도밖에 안 되니까 돈이 목적이 아니지요. 참여하는 회원들은 아이들과의 만남이 즐겁고, 자신의 건강에도 도움이 된다고 말합니다. 그리고 회원들이 자신이 활동할 수 있는 장소를 찾아가거나 우리가 새로운 곳을 제안해 가면서 삶의 보람을 느끼는 거지요."

즉, 시니어 소호를 통한 고령자들의 활동은 소득확보의 기회는 물론, 사회적 · 심리적으로 건강을 유지하는 수단이 된다. 그들은 돈만을 목적으로 참여하는 것이 아니라 지역사회 주민들을 만나고 일함으로써 심신의 건강에도 도움이 된다는 것이다.

〈시니어 소호의 사회적 기여에 대해 진지하게 설명하는 구보 대표〉

6) 사업 확대의 현실적 한계

어떤 유형의 사업이든 고령의 노동력이 활동하는 데는 여러 가지 제약이 따른다. 그중에는 고령 회원 자신이 가진 신체적 또는 심리적 특성 변화 등이 주된 한계다. 게다가 서비스 수요자들이 고령자들을 적합한 서비스 제공자로 보지 않는 경우에는 더더욱 진입 장벽에 부딪힌다.

구보 대표는 이런 한계의 예를 몇 가지 들었다.

"대체로 보육과 요양 관련 일을 하면 체력소모가 많습니다. 따라서 지역사회의 수요는 많지만 고령자들로만 구성된 우리 기관은 사업에 진입하기가 쉽지 않습니다. 실제로 관리자들의 말을 들어보면 참여자들이 몸을 많이 쓰는 일을 좋아하지 않는다고 합니다. 그리고 체력한계의 문제만 있는 것은 아닙니다. 예를 들면 현실적으로 아이돌봄의 경우에 아이와 정서적인 교류를 하려면 상대적으로 젊고 체력이 좋은 사람들이 선호됩니다. 하지만 시니어 소호는 구성원들의 특성상 그런 사람들을 확보하기는 어렵습니다. 그리고 노인돌봄의 경우에 단순한 돌봄 제공을 넘어 생명과 관련된 일이기에 심적 부담 때문에 흔쾌히 하려고 하지 않는답니다."

결국 고령자들이 참여하는 사업의 주체는 경제적 보장은 물론 사회적·심리적으로 수용 가능한 사업을 연계해 주어야 한다. 그러다 보니 시니어 소호는 사업확장이 필요하기는 하지만 노동수요가 많은 돌봄 서비스 영역으로 진입하기가 어렵다는 현실적인 딜레마에 놓여 있다.

7) 고객(지방자치단체와 기업들)과의 새로운 관계 및 한계

비영리단체인 시니어 소호가 성공하게 된 중요한 이유는 지자체와 기업들로부터 일거리가 의뢰되기 때문이다. 즉, 제3섹터에 속하는 시니어 소호가 제1섹터(공공부문) 및 제2섹터(시장, 기업부문)의 파트너로서 지역사회의 문제나 현안에 대응한다는 것이다. 이는 제1, 2섹터에 더해 비영리의 제3섹터가 주민밀착적인 또는 지역밀착적인 서비스 주체로 등장하고 있는 오늘날의 트렌드가 반영된 것이다. 게다가 이 지역의 NPO 중에서 유일하게 공공 및 기업(제1, 2섹터)과 파트너십을 이루고 있다는 것은 시니어 소호의 차별성이라고 평가할 수 있겠다. 하지만 구보 대표는 그 이면에는 실제로 여러 가지 어려움이 있다고 말한다.

"기업의 일거리는 2008년 리먼 브라더스 사태로 촉발된 세계 경제위기 이후 줄어들고 있습니다. 그리고 공공 일거리는 사업비가 너무 낮게 책정되어 있어서 수익창출이 어려워요. 예를 들어 학교 에인절스 사업의 경우, 연간 2,700만 엔으로 일을 맡고 있는데, 만약 동일한 사업을 민간 기업에서 맡는다면 1억 엔 정도가 필요하다고 봅니다. 결국 공공인 지방자치단체는 상당히 저렴한 예산으로 초등학교에서 보호 서비스를 제공하면서 효율성을 확보하고 있는 거지요. 그렇지만 시니어 소호의 입장에서는 공공위탁사업으로 참여회원들에게 적정한 수입을 제공하면서 수익을 창출하기가 어렵습니다. 현실적으로 이러한 계약조건으로는 사업의 지속성과 서비스 질 향상을 추구하기가 불가능해요."

비록 이런 유형의 활동을 사회공헌적인 속성으로 이해한다고 하더라도, 장기적으로 공공-시장-비영리부문의 건강한 관계라는 차원에서 보면 현실적인 예산반영 등 공공과의 진정한 파트너십 유지를 위한 보완책이 필요해 보인다.

8) 사례 – 시니어 소호에서 일하는 가가미 씨

우리는 구보 대표의 추천을 받아 가가미 씨를 소개받았다. 가가미 씨는 전직이 시스템 엔지니어인데, 2011년 5월부터 시니어 소호에서 네트워크 리뉴얼, 요양시설 랜 구축, 홈페이지 리뉴얼 및 정기점검의 일을 해 왔다. 그는 매우 차분한 성격의 소유자로 보였다. IT전문가로서 전직과 관련된 일을 하는 가가미 씨에게 시니어 소호에서 얼마나 일을 하는지 물어보았다.

"저는 일주일에 세 번, 총 20시간 정도 일을 하고 있습니다. 그 밖에도 다른 단체에서 회보지 편집 일을 하고 있고, 한 노인시설에서는 운전을 담당하고 있습니다."

그는 전직과 다소 관련된 일도 하지만, 그렇지 않은 여러 가지 일도 하고 있다며 예상외의 답을 하였다.

시니어 소호의 목적 중 한 가지가 경제활동이므로, 그에게 이렇게 다양한 일을 하면 수입이 얼마나 되는지 물어보았다.

"한 달 기준으로 볼 때 수입이 없는 달이 많고, 수입이 있는 달에도 얼마 되지 않습니다. 제가 참여하는 사업 프로젝트는 보람이 있는 일이어서 수입은 적지만 계속하고 있습니다. 그 외에 봉사도 따로 하고 있지요. 하지만 장기적으로는 어느 정도의 수입 없이 자원봉사만 할 수는 없는 형편입니다. 최소한 월 10만 엔은 벌어야 합니다."

가가미 씨가 희망하는 수입은 앞서 소개한 실버인재센터 사례

〈시니어 소호에서 IT 관련 일을 하고 있는 가가미 씨〉

에서 고령자들이 한 달 내내 활동해서 받는 수준과 비슷하였다. NPO단체인 시니어 소호는 공공지원을 받는 비영리 단체인 실버 인재센터와는 달리 경영을 통해 수익을 창출하여 기관과 참여자들이 상생하는 구조다. 이는 일본의 많은 NPO들이 적극적으로 사업(프로젝트)을 발굴하여 사업규모를 늘리고 회원들에게 적정한 소득 확보의 기회도 제공해야 하는 과제를 안고 있음을 말해 준다.

그럼에도 불구하고 고령자들은 NPO에서 적극적으로 사회참여 활동을 한다는 긍정적인 측면에는 동의한다. 가가미 씨로부터 시니어 소호 참여 후 자신의 변화에 대해 들어보았다.

"퇴직을 하고 여기서 5년 정도 파견직으로 일을 했습니다. 퇴직 전과는 일하는 방법이 전혀 다릅니다. 옛날에는 고용되어 월급을 받기 위해 일했다면, 여기서는 좋아하는 일만 하고 싫어하는 일은 하지 않습니다. 수입은 없지만 어떤 측면에서는 즐겁지요."

가가미 씨는 수입은 거의 없지만 현역 때처럼 고용되지 않았기에 하고 싶은 일을 할 수 있다는 즐거움과 만족감을 얻고 있다고 짐작된다. 노년기 활동을 통해 은퇴 전과 달리 일에 얽매이지 않고 여유를 가지게 되었고, 새로운 일까지 해 봄으로써 즐거움을 누리고 있었다. 특히 시니어 소호는 가가미 씨 사례에서 보듯이 회원들이 사전에 상담을 통해 참여하고 싶은 일을 선택할 수 있어서 활동에 따른 만족감이 더 높은 편이다.

2. 경영지원 NPO 클럽

1) 단체설립과 활동이념

두 번째 NPO로 나름 고유한 특징을 가지고 있는 조직인 '경영지원 NPO 클럽'을 소개한다. 경영지원 NPO 클럽(이하 경영지원클럽)은 도쿄도 치요다구 우치칸다에 위치해 있었다. 5층 정도의 말끔한 빌딩에 크지 않은 사무실이 있었는데, 우리는 부이사장 겸 사무국장인 다다 씨와 감사인 나가이 씨와 인터뷰를 하였다. 굴지의 대기업 출신이라 그런지 인터뷰에서 강한 자신감과 아우라를 느낄 수 있었다. 경영지원클럽은 2002년 10월 도쿄도로부터 〈특정비영리활동촉진법〉에 의해 승인된 NPO 법인으로, 대기업인 미쓰이

〈회원이자 임원으로 봉사하는 다다 사무국장(좌)과 나가이 감사(우)〉

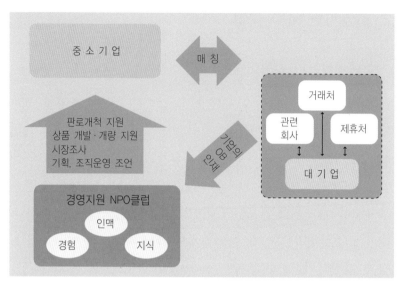

[그림 15] 경영지원클럽, 중소기업, 대기업의 연계

MITSUI & CO., LTD.를 퇴직한 회원 18명이 시작했다. 2015년에는 후생노동성으로부터 유료 직업소개사업 허가를 취득하였다.

이처럼 경영지원클럽은 기업 출신 퇴직자들이 시작한 단체여서 그들의 생각이 활동이념에 특별히 드러나 있다. 그들의 활동이념을 보면 OB 회원들이 경제활동기간에 개별 기업에서 축적한 비즈니스 경험, 지식, 기술 및 폭넓은 인맥을 살려, 일본 경제의 기초를 담당하고 있는 중소기업을 지원하고 차세대를 짊어질 후속세대를 육성하고 지원한다는 것이다. 그리고 활동목적에는 NPO 조직의 취지에 맞게 참여회원들이 초고령사회에서 적극적으로 살아가도록 기회를 제공한다는 내용도 있다. [그림 15]는 경영지원클럽이 지역사회에서 중소기업 지원활동을 하고 있는 것을 보여준다.

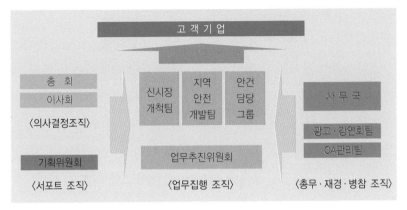

[그림 16] 경영지원클럽의 조직도

2) 업무집행조직과 참여회원

경영지원클럽의 조직은 [그림 16]과 같다. 우선 의사결정체계를 보면 총회를 필두로 이사장 및 이사회가 있고, 지원조직으로 기획 위원회를 두고 있다. 총무·재경·병참兵站 등의 조직으로는 사무 국, 홍보·강연회팀, OA관리팀이 있다. 집행조직으로는 업무추진 위원회를 두고 있으며, 신시장개척팀, 지역안건개발팀, 안건담당 그룹이라는 세 곳의 실행부서를 통해 고객기업을 지원하고 있다. 그중 핵심조직인 업무집행조직은 업무추진위원회가 관리하는 실 무팀 세 개로 구성된다. 세 개 실무팀의 팀장이 추진위원회의 위원 이 되어 실무 전반을 지휘하며, 세 개 팀이 공공과 민간에서 여러 사업을 유치하여 경영지원클럽이 운영된다고 보면 된다.

실무는 회원으로 참여하는 사람들 중심으로 운영된다. 회원은 정회원, 찬조회원, 특정지원계약법인회원이라는 세 유형으로 구분된다. 정회원은 클럽의 목적에 동의하여 입회한 회원으로서, 경영지원클럽의 주된 역할인 지원활동을 담당한다. 구체적으로는 지역안건개발팀이나 안건담당그룹 등에 참여하여 중소기업을 지원하는 활동을 한다. 정회원들은 위원회나 다른 팀에도 참여하여 활동할 수 있다. 정회원은 입회금 1만 엔과 매년 연회비 5,000엔을 내면 된다. 정회원이 실제로 활동을 한다면, 찬조회원은 경영을 지원하면서 경영지원클럽 활동의 옵저버로서 역할을 한다. 그래서 찬조회원은 개인이 아니라 이러한 취지에 동의하는 기업들로서 사업활동에 연결되어 있는 법인들이다. 찬조회원은 총 열두 개 회사이고, 주식회사가 많다. 특정지원계약법인회원은 경영지원클럽에 지속적으로 경영지원을 요청하는 대상이며, 찬조회원처럼 법인격이 회원이 된다. 말하자면 고객인 회원이며, 가입 시에 경영지원클럽과 업무위탁 계약을 맺고 경영지원을 받게 된다. 입회비는 5만 엔이고, 연회비는 한 단위⁴당 5만 엔이다. 2017년 1월 현재 정회원은 212명이고, 찬조회원은 법인 15곳, 특정지원계약법인 회원은 40곳이다.

3) 지원활동

경영지원클럽은 기업출신인 회원들로 구성되어 있다는 특징이 있다. 우선 첫 질문으로 회원들이 중소기업에게 어떤 지원활동을

---

4   一口, a bite로 불리며 거래가 성립하는 1단위를 의미한다.

PART 2. 고령자 경제활동 사례   204

하고 있는지 감사인 나가이 씨에게 물어보았다.

(1) 판로개척 지원활동

"중소기업의 가장 큰 어려움은 생산기술이나 관리보다 생산품의 판로를 개척하는 것입니다. 따라서 주로 대기업에서 퇴직한 우리 회원들은 판로개척의 애로를 줄여 주기 위해 여러 가지 지원활동을 하고 있습니다. 그중 몇 가지를 말씀 드리겠습니다. 첫째는 가장 힘들다고 하는 판로개척을 돕기 위해 주문회사ordering company를 방문하여 진단하고, 소개회사introducing company를 발굴하여 연계해 줍니다. 이 과정에서는 우리 회원이 과거에 소속되었던 대기업과의 인맥이 중요하게 작동하게 되지요. 둘째는 전시회나 박람회에서 부스를 준비하고 소개회사나 주문회사를 초대하여 회사와 제품을 소개할 기회를 제공해 주고, 그 자리에서 소비자들이 제품을 접하고 상담할 수 있는 기회를 주기도 합니다. 다음으로는 세미나나 강연회를 통해 직원들에게 필요한 정보제공자 교육을 실시합니다. 그리고 중소기업 제품을 해외에 알리기 위해 상품을 영어로 소개하는 해외 상품소개 포털사이트를 운영하고, 해외 거래처와의 실무를 지원해 주기도 하고, 해외진출을 고려하고 있는 기업에게 컨설팅을 해 주기도 하지요. 또 경영상담을 해 주면서 시장조사 등 신상품개발을 지원해 주고, 생산성 및 품질향상도 지원하고 있습니다. 이때 첫 번째 상담은 무료이고, 이후부터는 유료로 상담합니다. 또 지원내용의 난이도에 따라 상담비용도 달라집니다."

그의 설명을 들으니 대기업 출신으로서 상당한 경력을 가지고 있는 회원들이 경험이 적은 중소기업들에게 절대적으로 필요한 지원을 해 주고 있음을 알 수 있었다. 부이사장 겸 사무국장인 다다 씨가 설명을 이어갔다.

"만약 경영지원클럽이 이런 지원을 해 주지 않으면 중소기업들은 관련 업무를 보는 직원을 채용해야 합니다. 하지만 그럴 만한 여력이 없습니다. 그래서 우리의 지원활동은 매우 중요하다고 생각합니다."

(2) 강연회사업

훌륭한 경력을 가지고 있는 퇴직자들은 사회공헌 차원에서 자신들의 실무경험을 중소기업에 전수하기 위해 강연회를 열기도 한다. 이는 전직 대기업 임원들이 중심이 되어 사회공헌활동을 펼치고 있는 여러 나라의 사례에서 볼 수 있듯이 전문지식, 노하우, 수준 있는 다양한 정보 등 영세한 업체들이 필요로 하는 것을 강연을 통해 전달해 주는 것이다. 이러한 지원사업을 위해 강연회 그

〈표 4〉 경영지원클럽의 경영지원(판로개척) 실적

연도	2010	2011	2012	2013	2014
지원실적(건)	1,037	1,992	2,199	1,801	2,086
지원기업 수(사)	543	497	650	522	628
기업초치(건)*	140	202	273	196	178

*초치(招致): 바이어 연결 등.

룹을 만들고, 다양한 기업에서 오랜 실무경험을 쌓은 회원들 중심으로 강사풀을 만든다. 강사를 파견하는 곳은 기업, 지자체, 학교 등이며, 고객들을 위해 강연회, 연수회, 출장강좌 등 여러 형태로 지원을 한다.

4) 지원성과

경영지원클럽은 발족한 이후 매년 기업지원 실적이 증가하였다. 〈표 4〉에서 실적 건수, 지원기업 수, 기업초치 건별로 보면 다소 감소한 해도 있지만 전반적으로 해를 거듭하면서 증가하였다. 예를 들어 지원실적 건수는 2010년부터 2014년까지 5년간 약 두 배 가량 증가했다. 지원기업 수와 기업초치 건도 해가 거듭되면서 증가하는 추이를 보인다. 이는 경영지원클럽 회원들의 활동이 실제로 영세한 기업들에게 도움이 된다는 것을 말해 준다. 한편 또 다른 자료를 보면 2014년 기준으로 지원받은 기업당 지원 횟수는 약 3.3회였다. 2015년에는 정회원이 195명이었는데, 이 수치를 기준으로 하면 대략 회원 1인당 기업 세 곳을 상대로 11회의 지원실적을 올렸다고 보면 된다.

이 성과를 통해 얻는 중요한 메시지는 큰 기업에서 중요한 경험과 역량을 갖춘 퇴직자들이 자발적으로 인적 네트워크를 형성하여 지원한다면 영세한 중소기업의 경영상 어려움을 해결하는 데 도움을 줄 수 있다는 것이다.

일본 경영지원클럽의 활동과 유사한 활동은 여러 선진국에서도 볼 수 있다. 퇴직한 중고령자들이 단체를 조직하여 회원자격으로 영세기업이나 창업 또는 구직을 희망하는 사람들을 지원하는데, 주로 경영지원클럽처럼 기업 고위직에서 퇴직한 고령자들이 중심이 되어 비영리 형태로 운영한다. 예를 들면 중소기업이나 창업 또는 실패경험이 있는 재창업 희망자들에게 멘토로서 축적된 경험과 지식을 지속적으로 전수하면서 시행착오를 줄이고 성공확률을 높일 수 있도록 지원해 준다. 이 책이 속한 시리즈의 2권(《고령친화도시 행복한 노년: 스페인·포르투갈》)에서는 이런 목적에 따라 운영되는 스페인 바르셀로나시의 유사 사례(세콧)를 소개하였다. 우리 연구진과 인터뷰를 했던 '세콧'의 회장에 따르면, 그들은 지원활동에 따른 보상을 전혀 받지 않지만 철저하게 자체적으로 내부검증을 거쳐 외부 자문이나 강의를 한다고 강조하였다. 그들이 일하는 사무실은 바르셀로나 상공회의소 건물의 한 개 층을 무상으로 임대한 공간이었고, 상근하는 행정직 인건비를 포함하는 운영비는 바르셀로나의 40개 대기업이 후원기업으로 조직화되어 매년 지원해 주고 있었다. 이와는 달리 일본 경영지원클럽은 〈특정비영리활동촉진법〉에 근거하여 설립되었고, NPO가 추구하는 사업목적에 따라 '커뮤니티 비즈니스'로 운영하고 있었다. 그리고 기업활동 경력이 많은 고령자들은 그들의 경력과 노하우를 지역의 중소기업이나 예비 창업자들에게 전수해 주고, 그 대가로 실비 수준의 돈을 받아 경영지원클럽이라는 NPO 법인을 운영하고 있었다.

5) 경영지원클럽의 강점과 특성

일본에서 많은 NPO들은 주로 복지, 환경, 문화 영역에서 활동하고 있다. 그 이유는 정부가 NPO를 키우고자 했을 때 추구했던 방향성 때문이다. 하지만 경영지원클럽은 중소기업 지원을 사업의 목적으로 한다는 점에서 다른 NPO들의 사업방향과 차이가 있다. 다시 말하면 경영지원클럽은 중소기업을 지원하여 기업의 성장을 도모함과 동시에 고용과 지역경제 활성화를 추구한다. 이런 특징 때문에 경영지원클럽은 경제 살리기를 지원하는 자원봉사집단이라고도 불린다. 결국 경영지원클럽 운영의 힘은 회원들이 가지고 있는 과거 경력에서 축적된 역량일 것이다.

나가이 감사는 회원들에 대해 이렇게 말했다.

"경영지원클럽의 가장 중요한 자산은 일본 굴지의 대기업에서 퇴직한 회원들의 풍부한 경험, 지식, 기술입니다. 경영지원클럽은 대기업 출신의 고급인력들을 그들의 전직 업종을 기준으로 다섯 개 영역으로 나누어 체계적으로 활동하게 합니다. 구체적으로 보면, A그룹은 농업, 어업, 식품 관련 업체의 퇴직자들이고, B그룹은 의료, 건강, 화학, 플라스틱, 약, 석유 화학 관련 업체에서 퇴직한 사람들입니다. 그리고 C그룹은 자동차, 기계 관련 회사의 퇴직자들로서, 혼다, 토요타, 코마츠제작소 출신들입니다. D그룹은 반도체, 전자기기 업종 출신으로, 그들은 도시바, 히타치, 소니 등에서 퇴직했습니다. E그룹은 소프트웨어, 건축 관련 분야의 퇴직자들입니다. 지원체계를 보면 우선 영세기업들이 지원요청을 하고, 그 내용에 따라 각 그룹에 의뢰하여 담당을 정하고 지원하는 체계를 가지고 있습니다. 지금까지는 주로 C와 D그룹에 의뢰를 많이 했지만, 최근에는 A와 B그룹에 의뢰하는 건도 증가하고 있습니다."

그는 회원들의 강점을 경영 노하우와 고급 네트워크라고 했다.

"소니처럼 세계적인 기업에서 일했던 회원들은 최첨단의 경영 노하우를 체화했음은 물론, 대기업이 가진 막강한 판로와 기업 네트워크에 접근할 수 있는 방법도 알고 있습니다. 이런 노하우는 현실적으로 지역사회의 중소기업들, 특히 지방의 중소기업들은 도저히 접근할 수가 없지요. 하지만 이제는 경영지원클럽을 매개로 하여 지방의 중소기업도 대기업의 경영 노하우를 배워 판로 및 네트워크와 접속할 수 있는 기회를 가지게 되는 것이지요. 그러므로 지원을 받는 중소기업의 입장에서 보면, 지원해 주는 경영지원클럽의 회원들, 소위 멘토들은 단순한 자원봉사자가 아니라 쉽게 접근하기 어려운 상당한 수준의 전문가들입니다. 결국 은퇴한 경영전문가들로 구성된 경영지원클럽의 활동은 특별한 사례라고 할 수 있습니다."

커뮤니티 비즈니스를 운영하는 NPO는 조직경영을 위해 일정한 수익을 창출해야만 한다. 앞서 기술한 대로 지원을 요청하는 중소기업은 상담을 받으면 일정한 금액을 경영지원클럽에 지불하게 된다. 즉, 경영지원클럽의 회원들은 활동하면서 수입을 얻고 있는 것이다. 실제로 그들이 얼마의 돈을 받는지, 그리고 경영지원클럽은 어떻게 운영되는지를 나가이 감사에게 물어보았다.

"회원들이 활동을 나가면 교통비와 실비로 일당 2,000−3,000엔을 지급받습니다. 이 액수는 도시락비를 조금 넘는 정도고, 월급을 따로 받지는 않습니다. 클럽 전체로 보면 연간 발주금액이 약 9,000만 엔 정도인데, 대부분 운영비, 교통비, 도시락비로 사용됩니다. 9,000만 엔 중 몇 천만 엔은 사무실 임대료, 전화나 팩스 유지비, 직원 인건비, 지방 교통비(회원이 다른 지방으로 출장을 가면 교통비를 지급함)로 지출되지요. 그래서 회원 개인들에게 이익은 거의 없고, 오히려 회원들이 연회비를 내야 클럽이 유지됩니다. 지원을 받는 중소기업의 기부는 기대하지 않습니다. 실제로 기부실적도 없고요. 결국 경영지원클럽은 회원들이 회비를 내면서 활동하는 재능기부 형태의 자원봉사라고 보시면 됩니다."

우리나라도 퇴직자들을 대상으로 수요조사를 해 보면, 안정된 사회적 지위를 가지고 있던 고령자일수록 소득보다는 품위 있는 사회공헌을 하고 싶어 한다. 그러나 아직 우리는 그들이 활동할 수 있도록 정보와 네트워크를 제공하는 조직화된 단체가 없다. 따라서 그들의 생각을 공유할 수 있는 장이 없고, 그들의 데이터베이스도 구축되어 있지 않다. 현재 우리나라도 베이비부머들의 은퇴에 속도가 붙으면서 양질의 고급인력들이 기업으로부터 나오고 있다. 따라서 이제는 이들을 발굴하고 조직화하여 고급 인적 자원으로 활용할 시점이라고 본다. 이를 위해서는 우선 그들에게 다양한 정보를 제공해 주어 은퇴준비를 충실히 하도록 하고, 은퇴 후에도 필요한 교육을 통해 사회공헌의 기회를 확대해 줄 필요가 있다. 이는 곧 고령자들에게 활기찬 노년을 추구할 기회를 제공하는 것이며, 이를 통해 우리도 초고령사회에 맞추어 사회를 디자인해 나가는 모습을 기대할 수 있을 것이다.

6) 향후 운영계획

NPO로서의 비영리적 특성과 훌륭한 경력을 가진 전문가들로 구성된 경영지원클럽이 앞으로 어떤 방향으로 나아가고자 하는지 나가이 감사에게 물었다.

"우리는 앞으로 중소기업을 단편적으로 지원하는 것이 아니라 폭넓게 지원할 필요가 있습니다. 게다가 일본은 저출산 고령화로 인해 경제가 축소되고 있으므로, 이에 대응하기 위해 어떤 방법으

〈경영지원클럽 나가이 감사〉

로 지원해야 할지도 검토해야 합니다. 적어도 향후 3년의 전망을 세워야 한다고 봅니다. 그리고 일본에는 다양한 주식회사가 있는데, 그중 95%가 중소기업이에요. 중소기업의 힘이 약해지면 일본 경제가 위축될 겁니다. 예를 들면 대기업인 토요타, 닛산, 혼다가 자동차를 생산하고 있지만, 제품을 그들이 모두 만드는 것은 아니죠. 부품은 모두 하청업체들이 만들고, 그들은 엔진만 조합할 뿐입니다. 그러니 중소기업의 힘이 약해지고 기술력이 없어지면 자동차 회사도 없어지겠지요. 결국 일본 경제가 취약해질 겁니다. 그러니 강한 기술력으로 무장한 뛰어난 중소기업을 어떻게 육성하느냐가 관건이지요. 여기에 우리가 해야 할 역할이 있다고 봅니다."

그의 설명에서 알 수 있듯이 경영지원클럽의 지향점은 대기업에서 근무한 경험과 노하우 및 전문성을 가진 은퇴고령자들의 사회적 · 경제적 기여를 유도하여 상품개발, 생산, 유통, 마케팅 등 경영 전반에서 어려움을 겪고 있는 중소기업을 지원하는 것이다. 말하자면 은퇴고령자들의 역량(공급)과 지역 중소기업의 욕구(수요)를 연계하는 것이다. 즉, 전문성을 가진 은퇴고령자의 활동을 통해 그들이 지역경제 활성화에 공헌하는 주체가 될 수 있게 하는 경영지원클럽의 강점인 것이다. 나아가 그들의 활동은 정부나 사회단체와 같은 외부 조직의 도움을 받지 않고 은퇴고령자 자신들의 자발적 의지와 역량으로 조직화하여 중소기업 지원사업을 설계하고 추진한다는 강점과 특징도 가진다.

우리는 나가이 감사로부터 실제 경영지원클럽의 운영에 대해 여러 가지 들어보았다. 그중에는 그들에게 의뢰하는 주 고객이 공공기관이라는 점이 흥미로웠다. 중앙정부, 경제산업성, 도도부현. 삿포로시 혹은 아오모리현 등의 공공기관이 의뢰를 했는데, 그중에는 지방자치단체에서 의뢰하는 경우가 다수였다. 의뢰내용은 그들이 먼저 지역의 중소기업들을 추천하면 경영지원클럽이 그중에서 50개 정도를 정해서 지원해 준다. 지자체들이 먼저 의뢰하는 이유는 저출산 고령화에 따른 지방위기의 극복이라는 이슈를 해결하기 위해 퇴직 전문가가 주축이 된 NPO를 활용하려는 것이다. 이에 대해 나가이 감사는 다음과 같이 말했다.

"지방은 인구가 줄고 있어서(집필자 해석: 인구유출을 막기 위해서는) 중소기업을 지원하는 것이 지방을 건강하게 하는 것이지요. 일본에는 '지방창생地方創生'이란 말이 있습니다. 지방에는 전문가가 없고 도쿄와 오사카에 인재가 몰려들고 있거든요. 그래서 지방에서는 도시의 전문기관에 의뢰하려는 것이지요."

만약 지자체의 지원이 실제 지원으로 연결되어 성과를 낸다면, 경영지원클럽의 향후 계획에서 중요한 부분을 차지할 것이라 기대된다.

7) 사례 – 회원으로 활동하는 다다 씨

우리는 도쿄도 치요다구 경영지원클럽 사무실에서 부이사장 겸 사무국장인 75세의 다다 씨를 만났다. 그는 석유회사에서 38년간 일한 전문가로, 퇴직 후 경영지원클럽에서 12년간 회원으로 활동하고 있다. 그는 일주일에 4일 정도 일을 한다. 은퇴 전에는 기업에서 이윤추구를 위해 스트레스를 받으면서 일했지만, 현재는 경영지원클럽에서 봉사활동을 하고 있는 것이다. 그는 이 일이 자신의 생활패턴을 능동적으로 변화시키고 있어서 삶에 상당한 의미를 준다고 말했다.

"저는 65세로 회사에서 퇴직했습니다. 보통의 경우는 회사를 그만두고 집에 있습니다만 저는 지금 75살인데도 일하고 있습니다. 현역시절에는 일이 많아서 일찍 집에 가지 못했는데, 은퇴 후 집에 있으니 아내가 스트레스를 받는 것 같았습니다. 반년 정도 집

〈경영지원클럽 회원이자 사무국장인 다다 씨〉

에 있다가 우연히 지금의 이사장과 골프 모임에 가서 NPO를 소개 받았어요. 현역시절에는 이윤이 우선순위니까 항상 이래저래 스트레스였지만, 여기는 NPO라 스스로 찾아서 일을 하고 상대를 기쁘게 하는 것만을 생각하고 있습니다. 수입은 0원입니다. 하지만 이용자의 만족감이 제 삶의 보람이지요. 이곳에 오면 집에 가만히 있을 필요가 없지요. 현역인 사람들과 이야기할 기회도 있고 기분이 젊어질 수도 있습니다. 저는 언제까지나 건강하고 활기차게 인생을 살고 싶다는 마음입니다. 여기서 일하면 바로 그런 기분이 생기지요."

다다 국장의 이야기는 기업은 이윤이 최우선의 목적이므로 상당한 스트레스를 받고 일했지만, 이제는 수입은 없으나 이용자인 중소기업을 대가 없이 지원하고 그들이 만족해할 때 느끼는 보람이 삶의 중요한 요소로 자리 잡고 있다는 것이다. 퇴직자들이 직장을 마치고 경영지원클럽의 회원이 되는 동기는 다양하지만 그들에게서 몇 가지 공통점을 볼 수 있다. 첫째는 지방의 중소기업을 살려야 한다는 일본의 경제적 필요성을 잘 알고 공감하고 있다는 것이다. 둘째는 현역일 때는 톱니처럼 돌아가는 관료적 조직생활의 수동적인 생활 패턴을 가졌다면, 이제는 스스로 일을 찾아서 사람들과 사회에 긍정적인 변화를 주는 것만을 생각하는 능동적 생활 패턴으로 바뀐 것을 경험하고 있다. 셋째는 집에서 가만히 있기보다는 중소기업의 현역들과 접촉하면서 더 젊고 건강하고 활기차게 살고자 하는 욕구가 생기게 되었다는 것이다. 이러한 내적 동기들이 직장생활에서 익힌 재능과 사회적 · 심리적 자산을 경영지원클럽에서 상당히 잘 녹여내고 있는 것이다. 이는 결과적으로 전문적 역량을 갖춘 고령자들의 비영리활동을 통해 지역경제에 도움을 주는 것은 물론, 개인 차원에서 의미 있는 인생 2막을 만들면서 사회적 건강성을 확보해 나가게 된다. 우리는 나가이 감사와 다다 국장에게서 실제로 매우 긍정적이고 성공적인 노년의 모습을 보았다. 이는 생산연령 시기에 축적된 전문성과 폭넓은 사회적 경험이 노후 사회참여에 유리하게 작동할 수 있음을 말해 준다.

한편 고령자들은 은퇴 후 활동을 하면서 자신의 능력을 더 향상시킬 수도 있다. 다다 국장은 경영지원클럽에서 전문적인 활동을 하기 위해서는 회원들도 새로운 지식과 정보 등을 배워야 한다고 힘주어 말했다. 참여자들의 이러한 이야기는 앞서 소개했던 시리즈의 제2권 스페인의 세꼿 참여회원들에게서도 똑같이 들었다. 즉, 퇴직자들은 과거에 전문가 또는 경영인으로서 중요한 역할을 했지만, 빠르게 변화하고 있는 현재의 경제사회적 여건과 중소업체들의 현실을 이해해야만 그들의 눈높이에 맞는 컨설팅을 통해 성공전략을 찾도록 지원해 줄 수 있다는 것이다.

경영지원클럽에서는 이런 상황에 맞춰 연구회를 조직하여 같이 공부하며 대응하고 있었다. 즉, 과거 대기업에서 쌓은 노하우와 지식이나 기술은 있지만, 이것을 중소기업에 효과적으로 전달하기 위해서는 강의기술은 물론, 새로운 기업경영 방식과 국가산업전략에 대한 이해도 있어야 한다. 이러한 자세는 경영지원클럽 회원들이 공통적으로 가지고 있단다. 특히 인터뷰 과정에서 만난

분들은 모두 굴지의 대기업 경력과 고학력을 가진 엘리트면서 상당한 교양을 지니고 있어서 스스로 지역사회의 리더라는 강한 자부심이 있었다. 따라서 그들은 자신들의 활동에 대한 책임감도 클 것이라 짐작된다.

회원들이 새롭게 역량을 키우는 것에 대해 다다 국장은 매우 자신 있게 말했다.

"경영지원클럽에서는 회원 모두의 레벨업을 위해 지원하고 있지요. 그리고 우리가 모르는 세상의 것에 대해 강사를 불러 이야기를 듣기도 합니다. 자신의 성장을 위해서지요. 또 우리 내부에는 현역으로 강연을 하는 그룹도 있는데, 이분들은 대학이나 다른 곳에서 강의도 합니다. 그래서 이분들이 회원들에게 강의를 해 주기도 한답니다."

이러한 모습은 우리에게도 중요한 시사점을 준다. 은퇴자들이 주류사회에서 지속적으로 역할을 하려면 과거 자신의 경험과 역량만을 고집하는 것은 적합하지 않다는 것을 알아야 한다. 일반적으로 고령자들이 변화하는 사회 속에서 사회통합적이고 성공적인 삶을 살아가려면 개인적으로 또 다른 교육의 기회를 가지는 것이 필요하다. 왜냐하면 다른 연령세대의 라이프 스타일과 생각을 이해하고 빠르게 변화하는 사회환경을 이해해야만 주류사회에서 존재감을 가지며 살아갈 수 있기 때문이다. 예를 들면 이제는 스마트폰 사용도 원활해야 하고, 자동판매기에서 표를 사서 지하철을 타거나 음식도 주문할 수 있어야 하고, 심지어 폰뱅킹이나 인 터넷 쇼핑몰 검색도 필요한 시대가 되었다. 뿐만 아니라 유튜브를 통해 엄청난 정보 속에서 필요한 것들을 찾아내는 능력도 길러야 한다. 다른 세대로부터 뒤처지지 않으려면 변화된 환경 속에서 많은 사안에 대한 의사결정을 독립적으로 해야 하는 시대에 살고 있는 것이다. 그러므로 경영지원클럽의 활동처럼 누군가에게 영향을 미치고 누군가의 실질적인 멘토가 되려면 기본적으로 급속하게 변화하는 환경에 적응하면서 지원요청을 한 기업의 애로가 무엇인지를 정확하게 파악해야 한다. 예컨데 만약 어느 회원이 20대 청년창업자의 멘토가 되어야 한다면 세대 간 소통을 위해 고령인 자신의 변화가 필요함을 먼저 인지해야 한다. 그다음이 영세기업들이 치열한 경쟁 속에서 살아남을 수 있는 노하우를 제대로 알려주는 실질적인 도움을 주는 것이다. 결국 고령 회원들이 전문가로서 생존력과 유용함을 갖추기 위해서는 자신들의 역량강화가 우선되어야 할 것이다.

한편 과거 상당한 위치에 있던 사람들이 모여서 센터를 운영하므로 다양한 의견이 나올 수 있을 거라 짐작이 되었다. 그래서 다다 국장에게 그들의 모임이 어떻게 운영되는지 물었다.

"사고나 가치관이 비슷한 분들이 모였다고 생각합니다. 물론 가끔은 의견이 다른 경우도 있는데 그것은 대화로 해결합니다. 젊었을 때는 싸웠을지 모르지만, 나이가 드니 싸울 힘도 없어요. 회의에서 그런 논란이 있더라도 방향을 정하지 않으면 안 되니, 리더가 이렇게 하자고 결정하면 바로 그 자리에서 정해지는 경우가 많습니다. 그래도 납득하지 못하는 분이 있을지도 모르지요. 어떤 경우는 회의가 끝난 후 친목회에서 한잔하면서 서로 풀기도 합니다. 이것이 노하우입니다. 한 달에 한 번 그룹회의가 있어서 여러 가지 논의를 합니다. 그리고 회의를 마치고 술 한잔 하면서 친목을 다집니다. 모두 현역시절에는 각자 나름의 포지션이 있었기 때문에 갈등을 푸는 방법도 잘 알고 있지요."

이처럼 다다 국장은 경영지원클럽에서 활동하면서 자신의 생활 패턴이 바뀌고 새로운 관계망을 형성하게 된 것을 만족스럽게 생각하고 있었다. 물론 생각과 가치가 다른 다양한 퇴직자들과 하나의 조직을 운영하는 과정에서 의견이나 갈등을 조정하는 노하우와 적응력을 배워야 하는 부담도 있다. 그럼에도 불구하고 공익을 지향하는 새로운 관계망에 참여하여 의미 있는 목표를 실현해 가고 있다는 점에 대해서는 매우 호의적이었다. 하지만 감사인 나가이 씨가 언급하였듯이 경영지원클럽의 경우 회원들 중 다수가 직전 직장의 선후배 관계다. 따라서 그러한 관계가 새로운 조직에서의 상호 이해나 배려를 만들어 내고 눈에 보이지 않는 단결력으로 승화되어 팀워크를 단단하게 만들어 주고 있다는 생각도 든다. 여러 번 강조했듯이 노년기에 사회적 관계망, 특히 비혈연 관계망을 확대하는 것은 우울감을 줄여 주고 삶에 대해 긍정적인 태도를 증진시킬 수 있다. 생애주기 중 노년기에는 기존에 했던 의미 있는 활동들이 축소되거나 상실됨에 따라 심리정서적인 건강이 저하되고 위축될 수가 있다. 그러므로 퇴직 후의 지속적인 활동은 이러한 문제를 예방하거나 조기에 해결하는 데 필요한 요소가 될 것이다. 특히 다다 국장처럼 공식적인 집단에 참여하면서 비슷한 경력을 가진 동년배들과의 관계망을 넓혀가는 것은 은퇴 후 느낄 수 있는 상실감을 극복하고 오히려 하고 싶었던 일을 함으로써 생의 보람을 얻게 된다는 중요한 의미도 있다.

9) NPO의 지속가능성과 확대방안

시니어 소호와 경영지원클럽은 집필을 위해 여러 NPO를 조사하던 중 우리 저서의 집필 목적에 부합하기에 저서를 통해 독자들에게 알리고 싶은 기관이었다. 시니어 소호와 경영지원클럽의 공통점은 사업운영에서 공공과 직·간접적으로 연계되어 있다는 것이다. 따라서 재정적 측면에서 두 NPO는 공공과의 연계를 통해 재정의 안정성과 사업의 지속가능성을 어느 정도 확보하고 있었다. 단지 차이는 시니어 소호는 공공이 사업의 위탁 주체이고, 경영지원클럽은 공공이 고객으로서 관계를 맺고 있다는 것이다.

한편 두 기관 간에는 분명한 차이점이 있다. 경영지원클럽의 경우는 참여 고령자들이 대기업 출신들로서 노후가 안정적인 편이고, 경영 엘리트로서의 경험, 지식, 기술이 풍부하다는 강점을 가진다. 또한 회원들의 관계를 보면 주로 기업에서 같이 일하던 선후배 사이여서 조직운영도 상당히 원활하였다. 따라서 그들의 주요 관심사는 자신들에게 돌아오는 이익보다는 이전 경력을 십분 발휘하여 지역의 취약한 중소기업을 지원하는 것이고, 이런 활동을 통해 사회적 책무를 다함으로써 성취감과 더불어 사회심리적인 만족감을 얻는 것이다. 반면 시니어 소호는 대체로 프로젝트에 참여하는 고령자들이 그들의 활동을 경제활동으로 생각하는 경향이 있고, 이를 통해 개인적인 소득이나 시니어 소호의 사업수익에 대한 관심이 높아 보인다. 물론 이들도 자신들의 활동을 사회공헌의 관점에서 이해하는 측면을 간과할 수는 없다. 아무튼 두 NPO 간에 드러나는 차이는 각 NPO의 설립법인이 추구하는 목표와 활동하고 있는 사업의 성격이 다르다는 것이다. 우리가 더 많은 NPO들을 집중적으로 조명해 보지는 않았지만 여러 전문가들의 의견을 들어보면 일본의 많은 NPO들은 주로 시니어 소호와 같은 목표를 가지고 설립되었다고 본다.

앞으로 두 NPO가 안정적으로 조직을 유지하고 지역사회 기여도를 높이기 위해 추진해야 할 과제를 제시해 본다. 우선 시니어 소호와 같은 NPO라면 수익을 올릴 수 있는 프로젝트를 다수 확보해야 한다. 이를 위해서는 변화하는 복지환경 속에서 제3섹터의 역할을 더 부각시키고, 수요자인 지역사회 구성원들이 필요로 하는 다양한 사업 아이템을 발굴하여 더 많은 수익을 창출해 내야 할 것이다. 이때 고령인 참여회원들의 역량과 그들이 원하는 활동이 무엇인지를 면밀히 분석하여 고령자 적합직종의 범주를 확대해 나가는 것도 중요한 과제다. 한편 경영지원클럽과 같은 유형의 NPO라면 사회공헌활동을 할 수 있는 다양한 분야의 인재를 확보하여 회원풀을 넓히고 그들의 역량을 기반으로 활동 가능한 사업을 확대해 나가야 할 것이다. 또한 경륜이 있는 은퇴자들이 지속적으로 사회공헌을 할 수 있도록 동기부여를 해 줄 필요가 있다. 구체적으로 본다면 우선 변화하는 사회경제적 환경을 이해하면서 훌륭한 경험을 전수하도록 그들에게 다양한 교육기회를 제공하여 전문가로서의 유용감을 계속 유지하도록 해 주어야 한다.

그리고 두 NPO에게 줄 수 있는 제안은 사회공헌활동에 더해 그들 자신에게도 도움이 되는 것을 얻어갈 수 있는 기회도 제공해야 한다는 것이다. 예를 들면 회원들 간의 관계망을 강화하여 소속감을 유지하게 해 주고, 그들 자신의 노후생활에 필요한 정보나 여가 등을 제공하여 지속적인 참여를 유도할 수 있어야 한다. 은퇴한 고령자들이 상실감을 가지게 되는 가장 큰 요인은 퇴직으로 인해 기존에 자신이 속해 있던 조직에서부터 밀려난다는 현실적인 소외감이다. 그러므로 비록 NPO지만 어떤 조직에 소속된다는 것 자체가 그들에게 안정감을 주고 삶의 질이 떨어지는 것을 예방할 수 있을 것이다.

제5장

비영리법인

1. 노인요양시설 준세이엔

일본의 경우 한국과 마찬가지로 많은 비영리법인들이 공공으로부터 노인돌봄사업을 위탁받아 운영하고 있다. 2000년 일본의 개호보험이 시행된 이후 돌봄 대상자들이 증가하자 특히 규모가 큰 법인들은 재가센터와 요양시설을 함께 운영하면서 여러 가지 돌봄사업을 시행하기 시작했다. 우리가 방문한 사회복지법인 준세이엔潤生園도 규모가 큰 법인으로, 법인 산하에 여러 유형의 노인돌봄사업을 몇 개 도시에서 운영하고 있다. 우리는 법인사업 중 주간보호센터와 재가방문센터를 운영하고 있는 오다하라시를 찾았다.

1) 준세이엔이 추구하는 가치

우리가 방문한 센터 건물의 외관은 매우 깔끔하였고, 이 건물에

〈재가방문센터 주차장에 세워진 서비스 제공 차량들〉

는 법인 사무실도 함께 있었다. 건물 앞의 넓은 마당은 상당 부분 주차장으로 사용되고 있었는데, 우리가 방문했던 오전 11시 무렵에는 재가방문용 소형차량들이 열 대 넘게 줄지어 있었고, 이미 업무를 위해 나가 있는 차량까지 합쳐서 총 40대를 재가방문용으로 가동한단다. 규모가 상당하여 물어보니 준세이엔의 재가방문센터는 소도시인 오다하라 지역 재가노인돌봄사업을 거의 모두 담당하고 있다고 한다.

준세이엔은 매우 큰 사회복지법인으로 알려져 있는 만큼 법인에 대해 궁금한 점을 먼저 법인 사무국장인 이구치 씨에게 물었다.

"저희 법인은 설립된 지 약 40년이 되었고, 오다하라 지역주민을 대상으로 주로 재가서비스 사업을 해 왔습니다. 법인사업 중 특징적인 것은 요양원 입소노인 중 연하장애(삼킴곤란)가 있는 분도 자신의 입으로 마지막까지 식사를 할 수 있도록 요양식을 개발하여 제공하고 있고, 임종 케어도 시행하고 있습니다. 법인 산하에는 노인들에게 돌봄 서비스를 제공하는 기관이 19개가 있고, 사업소도 34개소가 있습니다. 2016년 현재 직원 수는 430명이며, 이용자수는 총 16만 5,131명입니다."

또한 준세이엔은 '어려운 일이 없도록 섬긴다'는 법인의 이념을 바탕으로, 지역주민들에게 오랫동안 살아온 삶의 터전에서 계속 살고 싶어하는 바람을 적극 지원하기 위해 안심할 수 있는 요양 서비스 체계를 갖추고 있다고 한다. 이런 법인의 이념과 사업목표에 따라 준세이엔은 최초로 1978년에 오다하라시에 요양시설인 특별양호노인홈을 설립했고, 그 후 다양한 재가사업을 확대하여 시행하고 있다. 법인사업으로 먼저 특별양호노인홈을 설립한 것은 이사장인 도키타 씨가 이 지역의 복지담당 공무원이었기 때문에 가능했다고 짐작된다. 그 후에 사업을 확장하여 단기입소, 주간보호, 방문요양, 방문목욕, 치매노인 그룹홈, 소규모 다기능시설, 급식 등의 서비스를 제공하고 있다. 특히 눈에 띄는 사업으로는 24시간 정기순회형 방문요양 서비스를 제공하고 있었다. 우리나라도 마찬가지지만 일반적으로 재가서비스는 오전 9시부터 오후 6시까지 제공된다. 하지만 준세이엔은 돌봄이 필요한 노인들이 자신의 집에서 더 오래 지내도록 하기 위해 돌봄 서비스의 사각지대를 없앤다는 차원에서 24시간 가정방문 서비스를 제공하고 있다. 아마 우리나라도 24시간 방문요양 서비스가 제공된다면 시설 조기 입소 예방에 도움이 될 것이라 생각한다. 예를 들면 일상생활수행능력 ADL: Activities of Daily Living이 시설에서 보호를 받을 만큼 심하게 의존적이지는 않지만, 동거가족이 없어서 혼자 지역사회에서 생활하는 단독가구 노인이라면 사고예방 차원에서 이 서비스를 원할 것이다. 또는 경증 치매노인의 경우, 동거가족이 있어도 전적으로 그를 돌볼 수 있는 여건이 되지 않는다면 필요한 만큼 24시간 가정방문 서비스를 받으면서 가족과 더불어 살아갈 수 있을 것이다. 동거가족의 경우도 당연히 자신의 생활을 유지하면서 노인과 더불어 더 오래 함께 살 수 있게 될 것이다.

2) 개호식의 의미

일본에는 준세이엔과 유사한 규모의 큰 법인들이 다수 있다. 그 중에서 특별히 준세이엔을 사례로 소개하게 된 이유는 그들이 제공하는 개호식에 관심이 있었기 때문이다. 다른 노인요양시설과 달리 준세이엔이 운영하는 요양원에서는 입소노인들에게 차별화된 '식사 케어'를 하고 있었다. 그들이 개발한 개호식이 추구하는 바는 누구든지 임종 때까지 입으로 먹으면서 생명을 유지하게 한다는 것이다. 아무리 중증의 노인이라도 튜브를 사용하지 않고 입으로 음식을 먹도록 지원하는 것은 인간의 존엄성에 대한 존중이다. 인권 차원에서 보면, 스스로 씹고 삼킬 능력이 없거나 희박한 노인들에게도 임종 때까지 일상적으로 먹던 음식을 개호식으로 만들어 입으로 먹게 한다는 것은 생명에 대한 존중을 실천하는 그 자

〈요양원 노인들에게 개호식을 제공하는 모습〉

체라고 말할 수 있다. 특히 준세이엔에서 만든 개호식은 우리가 일상적으로 먹는 음식의 형태를 그대로 만들어 낸다. 귤, 딸기, 비스킷 등등 모든 개호식들은 그것의 원래 모양 그대로다. 물론 맛도 그대로인 것은 당연하다. 이는 노인들이 과거에 먹던 음식을 그대로 먹게 한다는 의미로서, 영양이나 맛 못지않게 심리적으로도 안정감과 만족감을 주게 된다.

사진에서 보는 바와 같이, 식판에 담긴 음식들은 나름대로의 형태를 유지하고 있어서 원래 먹던 음식과 유사하게 보인다. 재료도 원래의 것을 그대로 사용하기에 노인들은 본인이 먹던 시금치, 당근, 딸기, 무, 두부 등의 맛을 기억하면서 먹게 되는 것이다. 하지만 개호식이어서 입에 들어가면 푸딩처럼 녹아서 씹지 않아도 된다.

사무국장 이구치 씨는 준세이엔의 개호식에 대해 다음과 같이 말했다.

"준세이엔에서는 식사를 '케어의 기초'로 생각하면서 '식사 케어'를 가장 중시하고 있습니다. 식사는 공복을 채워주는 것뿐만 아니라 생명을 이어가는 근원입니다. 또 먹는 즐거움과 기쁨은 삶에서 희망의 원천입니다. 하지만 여러 요양시설에서는 돌봄이 필요한 노인이나 연하장애가 있는 노인, 의치가 맞지 않거나 구강 기능이 저하된 노인들에게는 식사를 제공하지 않는 경우가 많습니다. 준세이엔은 임종하는 마지막까지 입으로 먹을 수 있도록 '개호식'을 처음으로 연구개발하였습니다. 1991년에는 도키타 준 원장님이 이런 성과를 인정받아 '일본 영양개선학회'가 주는 '학회상'을 수상했습니다. 그리고 준세이엔의 각 사업소에서는 노인들의 식사 후 구강케어를 강조하여 폐렴 등 감염예방의 효과도 거뒀습니다. 이런 성과들은 도키타 준 원장님이 의사라서 가능했다고 봅니다."

이구치 사무국장의 설명대로 준세이엔의 특별 개호식은 임종을 앞둔 노인들의 삶을 존중해 주는 최적의 식사다. 민간 법인이 자발적으로 이런 특별 개호식을 만들기까지의 노력은 정말 높이 평가해 줄 만하다. 우리나라에서도 현재 여러 연구기관에서 개호식을 개발하고 있지만, 아직 상용화되지 않았다. 대신 많은 요양시설에서는 이제 '유동식'을 제공하는 정도다. 우리도 개호식으로서 '연하식'을 상용화하기 위해서는 연구개발사업에 대한 투자를 늘려야 한다. 하지만 그보다는 와상노인들의 식사에 대한 권리를 보장해 주려는 사회적 공감대가 먼저 형성되어, 개호식에 대한 사회적 요구가 부각되어야 한다. 즉, 수요 유발을 통해 공급이 형성되어야 한다는 것이다. 개호식은 고령친화 식품산업 중 연하식의 영역에 해당한다. 최근에 보도되듯이 돌봄이 필요한 노인들이 요양시설에서 지내는 기간이 평균 1년 정도라면, 그들이 임종을 맞이하기 전까지 평생을 먹었던 음식을 누워서라도 그대로 맛보게 하는 것은 곧 인간으로서의 존엄성을 보장해 주는 최선의 지원 중 한 가지일 것이다.

3) 고령 돌봄인력 채용

한편 일본의 중소기업들, 특히 중소도시에 위치한 기업들은 베이비붐 세대의 정년퇴직에 따른 신규 인력채용에 여러 가지 어려

〈소도시의 지하철 구인광고〉

움을 겪고 있다. 이에 대한 대안으로 퇴직한 중고령자들을 재고용하는 기업들을 흔히 볼 수 있다. 심지어 도호쿠 지방의 한 소도시 지하철에는 경력 있는 퇴직자들을 모집한다는 구인광고가 출입문 가까이 눈에 띄기 좋은 위치에 붙어 있는 것도 볼 수 있었다. 그 내용에는 심지어 관련 경력이 없어도 취업 가능하다는 문구도 보인다. 이런 현실은 돌봄을 주로 제공하는 요양시설에서도 예외가 아니다. 물론 중고령자 재고용은 퇴직한 사람들에게 재취업의 기회를 제공함으로써 경제적인 도움을 준다. 특히 노년기 전에 경제활동 경력이 짧거나 낮은 임금으로 일했던 사람들은 길어지는 노년기를 안정적으로 보내기 위해 건강할 때 경제활동을 더 하려는 생각을 하고 있다.

노인돌봄 현장에서도 이런 추이는 예외가 아니다. 준세이엔도 돌봄인력을 충당하기 위해 많은 고령자들을 채용하고 있었다. 준세이엔의 고령자 채용에 대해 이구치 국장과 이야기를 나누었다.

"현재 일본의 요양시설에서는 퇴직한 고령자들을 재고용하는 경우를 쉽게 볼 수 있습니다. 그 배경에는 최근 생산인구의 급감과 더불어 경기향상에 따라 젊은이들의 취업기회가 늘어난 현상이 있습니다. 그리고 상대적으로 젊은 세대는 노인돌봄에 대해 별로 관심을 갖지 않는 편입니다."

일본의 노인요양시설에서는 이미 그 시설에 장기근무하면서 숙련된 퇴직(예정)자들을 지속고용 또는 재고용하는 사례가 늘어나고 있다. 물론 채용된 고령자 중에는 경제활동의 경험이 없거나 유사 직종 종사자가 아닌 경우도 있다. 왜냐하면 돌봄인력을 충당하기 위해서는 전업주부였거나 관련 경험이 없던 사람들도 채용할 수밖에 없기 때문이다. 게다가 최근에는 돌봄인력으로 외국인 근로자를 채용하는 분위기가 확대되고 있다. 이는 초고령사회 일본에서 돌봄인력 수급의 단면을 말해 주는 것이다. 이에 대해 이구치 국장은 "앞으로는 외국인 근로자와 장애인들도 돌봄노동에 참여시켜야 한다"고 추가로 제안하였다.

준세이엔에서는 새로운 돌봄인력 양성을 위해 자체적으로 케어 인력 양성과정을 운영하고 있다. 그는 교육·훈련 프로그램 내용에 대해 구체적으로 설명했다.

"준세이엔은 케어 인력을 확보하기 위해 여러 가지 프로그램을 실시하고 있습니다. 현재 생산노동인구가 급속히 감소하고 있어 향후에는 고령자 외에도 장애인이나 외국인들도 케어 인력으로 적극 고용해야 합니다. 다행스럽게도 정년퇴직 후 준세이엔에서 실시하는 초임자연수(요양업무를 할 수 있는 기초자격)를 수강하는 사람들이 늘고 있습니다. 실제로 이 연수를 마치고 채용되는 고령자들도 있지요. 준세이엔에서는 연 4회 초임자연수를 실시하고 있고, 1회에 15-20명이 수강합니다. 수료자 중 약 30% 정도가 고령자입니다. 최고령자는 73세였답니다. 이들은 자신의 가족을 돌보기 위해 수강하는 경우도 많고, 현장에 취업하기도 합니다. 수료자의 약 30%는 우리 법인에 취업을 합니다. 우리는 누구든지 초임자연수과정을 마치면 실제 케어 기술을 활용할 수 있도록 케어 전문가들이 교육을 시키고 있습니다. 그러므로 자격증 취득 후에는 즉시 현장에서 일할 수 있지요."

재취업 고령자들의 고용조건은 그들의 재취업 동기에 영향을 줄 수 있다. 준세이엔의 경우는 공식적인 급여기준에 따르되, 근무조건은 다소 유연한 편이라고 한다.

"우리는 고령자들을 1년 계약으로 고용하고 있고, 시급 1,057엔을 지급합니다. 8시간 근무가 기본이지만 사정에 따라 4시간 일할 수도 있습니다. 고령자들이 하는 일은 대부분 돌봄업무입니다. 개인차는 있지만 체력을 배려해서 가능한 한 신체 케어보다는 생활지원 분야에 배치시킵니다. 이분들의 개인사정을 기본으로 하여 일과 생활의 밸런스를 맞춰주고 있지요. 그래서 고령직원들은 대체로 근무조건에 만족하는 편입니다."

4) 고령 돌봄인력의 특징과 수급 전망

요양시설에서 일하는 고령인력들은 돌봄인력으로서 장단점을 가지고 있다. 우선 동년배로서 돌봄을 받는 노인과의 교감이나 그들의 신체적 특징을 이해하는 측면에서는 젊은 직원보다 훨씬 강점이 있다. 반면 체력을 포함한 신체적 조건이나 첨단기술의 적용 면에서는 다소 한계가 있다.

이구치 국장은 고령직원의 장점에 대해 다음과 같이 말했다.

"고령직원들의 장점은 시설이용 노인들과 연령이 비슷해서 젊은 직원들이 잘 이해하지 못하는 일본의 문화나 풍습을 공유하고 대화도 할 수 있습니다. 이용 노인들도 돌봄직원의 연령이 자신과 비슷하면 안심하는 편이에요. 다만 고령의 직원들은 신체적으로 부담이 되는 목욕, 배설, 이동 케어 등에 배치하기 어렵다는 약점이 있지요. 그리고 다른 분야에서도 비슷하겠지만, 여기서도 고령의 직원들이 어려워하는 것은 IT활용입니다. 준세이엔은 요양기록을 전부 전산화하였습니다. 그래서 IT 기록을 어려워하는 직원들에게는 교육을 시킵니다. 돌봄을 지원하는 로봇 활용을 시도해 보았지만 도움이 되지 않아서 사용하지 않습니다. 물론 복지용구는 많이 활용하고 있지요."

대규모 법인인 준세이엔의 고령자 채용정책은 앞으로 많은 시설들이 고령인력을 채용하는 데 필요한 기준이 될 수 있을 것이다. 이와 관련하여 이구치 국장은 다음과 같이 말했다.

"현재 준세이엔 산하 기관에는 65세 이상인 직원이 약 100명 정도 있습니다. 우리는 고령직원의 자존심에 상처를 주지 않도록 노력합니다. 앞에서도 말했지만 신체적 부담이 큰 업무는 가능한 한 하지 않도록 권합니다. 우리 법인의 이사장님이 90세이지만 지금도 건강하게 일하고 계십니다. 현재는 정년이 60세이지만, 내년에는 70세까지 연장하려고 합니다. 향후 중장기적으로는 정년폐지도 계획하고 있답니다."

이구치 국장의 설명을 들으니 노인돌봄이라는 직종도 준세이엔처럼 고령의 인력을 세심하게 배려한다면 충분히 고령자 적합직종에 포함될 수 있겠다고 생각해 보았다. 한편 일본의 베이비붐 세대는 우리나라 베이비붐 세대와 마찬가지로 기성 노인집단과는 차별화된다. 학력, 건강, 소득, 문화적 경험 등 여러 측면에서 선배노인 집단보다 수준이 높으며 훨씬 독립적인 편이다. 따라서 이들이 창출해 내는 가치와 문화를 일컬어 '신노년 문화'라고 칭한다. 현재 요양시설에서 노인돌봄 일을 하고 있는 고령자들을 '구노년세대'라고 한다면, '신노년세대'인 베이비부머는 장차 사회가 필요로 하는 노인돌봄 역할에 관심이 있을지 궁금하다. 이구치 국장에게 일본 베이비부머는 어떤 특성을 가지고 있는지 물어보았다.

"현재 일본의 고령자 중 베이비부머는 기존의 고령자들과 다릅니다. 건강을 매우 잘 유지하고 있고, 교육도 많이 받아서 가치관도 달라 고령자라는 느낌이 들지 않지요. 이 분들은 사회활동과 일에 대한 욕구가 매우 높습니다. 그래서 최소한 이들이 돌봄노동에 관심을 가지게 될 75세 정도가 되는 2025년이 되어야 달라질 거라 생각됩니다. 지금도 일본의 서비스 산업, 예를 들면 운송, 요식업, 요양 등의 분야에서는 일손이 부족해서 상시적으로 직원모집을 하고 있습니다. 그래서 사회적으로는 베이비부머들이 최대한 자신의 건강을 잘 유지하면서 일과 활동을 해 주기 바라는 분위기가 크지요."

5) 사례 - 주간보호 센터장 아키야마 고모코 씨

퇴직 후 지속고용으로 일하고 있는 아키야마 센터장을 만나기 위해 법인 사무국과 같은 건물에 있는 주간보호센터를 방문했다. 아키야마 센터장은 준세이엔 산하 재택개호 종합서비스센터인 '렌게노사토'에서 센터장으로 일하고 있다. 이 센터는 지역에 살면서 돌봄이 필요한 고령자들에게 재가서비스와 주간보호 서비스를 제공하고 있다. 이미 약속을 하고 방문했기에 그는 사무실에서 우리를 기다리고 있었다. 아키야마 센터장은 매우 명랑하게 자신을 소개했다.

〈인터뷰에 응하는 아키야마 센터장〉

"안녕하세요. 저는 아키야마 고모코입니다. 현재 나이는 67세고요. 저는 여기서 센터장으로 일하면서 이용자 대응과 전반적인 센터관리를 하고 있습니다."

우리도 각자 소개를 한 뒤 준비한 질문을 중심으로 진행하겠다고 말했다. 우선 아키야마 센터장의 경력이 궁금해서 퇴직 전에는 어떤 일을 했는지 물어보았다.

"저는 결혼 후 주부로 있다가 이 법인에서 처음 일을 시작했고, 현재까지 22년이 되었어요. 처음 입사 후 10년간은 법인 산하 전문요양원에서 요양 관련 업무를 했고, 이후에는 법인 산하의 여러 기관에서 관리직으로 일했습니다."

아키야마 센터장은 노인돌봄 실무자로 일을 시작했고, 경력을 쌓은 후 관리자로 직을 바꾸어 일하다가 퇴직한 후 현재까지 계속해서 일을 하고 있다. 이어서 우리의 관심은 퇴직 후에 바로 지속고용된 것인지 아니면 퇴직 후 재고용된 것인지였다. 그는 만 60세 때 퇴직하면서 바로 고용연장이 되어 2년간 정직원으로 일했고, 이어서 현재까지 계약직으로 5년째 근무하고 있단다. 즉, 퇴직 후 지속 고용된 것이다. 가장 효율적인 채용방법은 경력이 있는 직원들이 지속적으로 일할 수 있도록 기회를 주는 것이다. 최근 일본의 노인돌봄 현장에서는 젊은 세대의 취업률이 저조해지면서 퇴직자들의 지속고용 사례가 늘어나고 있다. 고도의 정보화사회에 눈높이가 맞춰져 있고 치열한 경쟁에서 생존할 만큼 교육받은 젊은이들이 여유롭게 돌아가는 아나로그식의 돌봄현장에 매력을 가진다는 것은 직장 구하기가 쉽지 않은 시대가 아니라면 오히려 이해하기 어려울 것이다. 게다가 이미 오랫동안 숙련된 돌봄 제공자들은 자신도 노령이기에 서비스 이용자인 노인들을 더 잘 이해하고 돌볼 수 있다는 장점도 있다. 이러한 상황이 돌봄 현장에서 고령자들의 고용창출에 영향을 미쳤을 것이라 짐작된다.

퇴직 후에 계속 하는 일이라 근무조건이 궁금하였다. 조심스럽게 질문을 하자 그는 개의치 않고 솔직하게 말해 주었다.

"저는 현재 촉탁직으로 일하고 있습니다. 매일 하루 약 8시간씩 일하지요. 저의 총 수입은 직장에서 받는 연봉 340만 엔과 연금 연 165만 엔입니다. 이제는 정직원 시절에 받던 수당 같은 것은 없어요. 60세 때 받던 급여에 비해 약 40% 정도가 줄었지요. 또 저는 처음에 요양직으로 일했기 때문에 급여가 높지 않아서 연금액도 적은 편입니다. 그래서 현재 일하면서 받는 급여는 저의 노후생활에 많은 도움이 되지요."

그의 연금액은 앞서 다른 기관에서 인터뷰했던 고령자들에 비해 낮은 편이었다. 아마 요양시설 등 돌봄 현장의 급여가 민간 기업에 비해 전반적으로 낮아서 연금만으로는 노후 소득보장이 충분하지 않다고 이해했다. 그는 말하는 동안 매우 밝고 상냥한 표정을 이어갔다. 퇴직 전에 하던 일을 계속하기 때문에 그가 일에 대해 상당한 자신감을 가지고 있다는 인상을 받았다.

이어서 우리는 아키야마 센터장에게 일 외의 개인생활에 대해서도 물었다. 그는 먼저 현재 평생교육을 받고 있다고 매우 자랑스럽게 말했다.

"저는 현재 교토의 예술대학 사회인 코스에 등록하여 배우고 있습니다. 수업은 주로 인터넷 강의로 이루어지고, 정기적으로 레포트를 제출하고 있지요. 그리고 월 1회 학교에 갑니다."

우리는 교토까지는 너무 멀지 않으냐고 놀라서 묻자, 그는 전혀 문제가 되지 않는다고 힘주어 말했다. 그리고는 덧붙였다.

"배우러 가는 일이라 매우 즐거워요."

오늘날에는 수명이 연장되면서 고령자들은 은퇴 후의 '일encore careers', 특히 경제활동을 가치 있고 의미 있게 생각하는 경향이 있다. 게다가 여가 중심의 사회참여활동에 대한 생각도 바뀌어서, '배우고, 참여하고, 리더가 됨'을 강조하면서 은퇴 후 '의미 있는 활동'을 추구하고 있다. 이런 변화추이를 이해하면서 아키야마 센터장이 대학에 등록하여 새로운 분야를 배우는 것은 평생 해 온 요양서비스 외에 자신의 인생을 가꾸는 계기가 될 수도 있을 것이다.

한편 노년기에는 주변 사람들과의 관계망을 유지하거나 확대하는 것이 신체적 건강과 심리적 안정감 유지에 도움이 되고, 폭넓은 관계망이 유지되면 궁극적으로 삶의 질이 지속적으로 유지되거나 향상될 수 있다는 연구결과가 많이 보고되고 있다. 그래서 노년기의 사회참여는 소득여부를 떠나 질 높은 삶을 추구하는 데 중요한 요소로 평가된다. 이와 관련하여 실제로 아키야마 센터장에게 일을 시작한 후 어떤 변화가 있었는지 물어보았다.

"22년 전 요양 일을 시작했을 때 딸이 매우 반대했습니다. 엄마가 밖에서 일하는 것을 반대한 거지요. 하지만 지금은 엄마가 선견지명이 있었다고 칭찬하면서 응원도 해 줍니다. 요양 일은 저 스스로의 삶에도 많은 도움이 되었어요. 그래서 저는 이 일을 하길 정말 잘했다고 생각한답니다."

그리고 현재 결혼한 딸 가족이 매우 가까이 살고 있어서 자주 만난다고 자랑도 했다.

비록 공식화된 일이 아니어도 노년기의 여가생활은 일 못지않게 중요하며, 사회적 관계망을 공고히 하거나 확대해 주고, 심지어 인지기능을 유지하는 데도 도움이 된다. 아키야마 센터장에게 일 외의 여가생활을 하는 게 있는지 묻자 상냥한 모습으로 이야기하던 그는 더 환하게 웃으면서 말했다.

"저는 젊은 시절부터 대인관계가 좋았습니다. 현재도 다도, 꽃꽂이 모임, 인테리어 코디네이터 모임 등에 가고 있습니다. 거기서 알게 된 사람들이 우리 시설에 자원봉사를 하러 오기도 합니다."

이야기를 들어보니 그는 주중에는 열심히 일을 하고 평생교육을 통해 배우기도 하며, 주말에는 여가생활도 다양하게 하면서 자기 주도적인 삶을 살고 있었다. 물론 가족들과도 근거리에 살면서 정서적으로 좋은 관계를 맺고 있었다. 이 정도의 균형 있는 노년기 생활이라면 아키야마 센터장은 이론적인 개념인 건강한 노화, 생산적 노화, 활기찬 노화, 성공적인 노화 등 긍정적인 노화를 추구하는 방법들을 모두 실천하고 있다고 할 수 있겠다.

그리고 그는 자신의 일에 대한 만족함을 솔직하게 표현하였다.

"주변 사람들은 제게 요양이 천성적으로 잘 맞는다면서 응원해 주기도 합니다. 저는 노인을 보면 그냥 사랑스러워요."

우리는 인터뷰를 하면서 노년기에 지속적으로 '일'을 하는 것이 어떤 결과를 얻기 위함인가에 대한 답을 아키야마 센터장으로부터 얻을 수 있었다.

이런 결론을 더 확인하기 위해 그에게 마지막으로 노년기의 '일'이 어떤 의미를 가지는지 물어보았다. 예상하지 못한 질문이었는지 그는 잠시 생각하다가 이렇게 말했다.

"사회에 나가서 일하는 것은 매우 좋은 일입니다. 개인의 건강에도 좋고 사회적으로도 유익하다고 생각합니다. 이사장님도 언제까지나 함께 일하자고 말해 주어 고맙습니다. 가끔 피곤해서 거울을 보지만 나를 아끼고 인정해 주는 사람들이 있어서 이 일을 하는

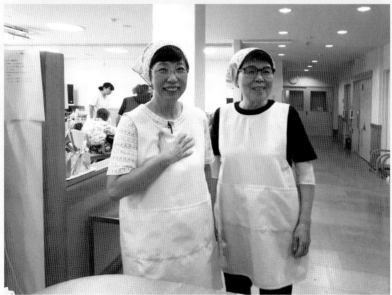

〈렌게노사토 주간보호센터에서 파트타임으로 일하는 고령자들〉

것이 매우 좋습니다. 제가 하루만 나오지 않아도 센터를 이용하는 노인들이 무슨 일이 있었냐고 궁금해 하고 묻습니다. 저는 가능하다면 더 오랫동안 여기서 일하고 싶답니다."

아키야마 센터장의 경우는 은퇴 후 일을 지속하는 것은 경제적·심리적인 만족감을 주고, 자기효능감과 자존감을 높여 준다는 많은 연구결과들을 지지해 주는 좋은 사례였다.

우리는 그의 안내를 받으며 주간보호센터를 둘러보다가 이용 노인들을 돌보고 있는 고령의 요양보호사 두 명을 만났다. 유니폼을 입고 있는 그들은 돌봄 서비스에 익숙해 보였고, 역시 환하게 웃으면서 자신을 소개했다. 그리고 함께 사진 찍자는 제안에도 선뜻 동의했다. 그들은 60, 70대로, 주간보호 이용 노인들에게 서비스를 줄 수 있을 만큼 건강했고, 긍정적이고 개방적인 태도를 보여 주었다. 그들은 준세이엔 법인에서 제공하는 돌봄교육을 받은 후, 전직은 없지만 이곳에서 하루 4시간씩 주 5일 일하고 있다고 한다. 예쁜 에이프런을 착용하고 거실을 오가면서 이용 노인들을 돌보는 그들의 모습은 매우 안정적이었고, 일은 연령에 무리가 가는 정도로 보이지 않았다. 그들은 인력이 부족한 돌봄 현장에서 선배 노인들을 돌본다는 사명감과 보람을 느끼며 일하고 있다는 것을 그대로 보여주었다.

우리가 방문했을 때 주간보호센터에는 젊은 직원들 외에도 고령의 남성 요양보호사 두 사람이 일하고 있었다. 그들과도 인터뷰하려 했지만, 상냥하게 눈인사만 한 채 살짝 우리를 피해 주방으

로 들어가 버렸다. 노화과정을 설명하는 이론에 따르면, 노년기가
되면 여성에 비해 남성은 호르몬 변화로 인해 다소 소극적인 경
향을 보인다. 여기서 만난 남성 요양보호사들의 모습을 일반화할
수는 없겠지만, 간단하게나마 인터뷰하지 못한 게 다소 아쉬움으
로 남았다.

〈주간보호센터(상)와 만남의 장소(하)〉

〈준세이엔에서 제공하는 연하식〉

〈1. 지역주민을 위한 족욕장   2. 재택개호종합센터
3. 특별양호노인홈   4. 특별양호노인홈 내부〉

제5장 비영리법인

제6장

민간 기업

1. 도시락 제조공장 니시바라야

주식회사 니시바라야西原屋는 일본에서 오랜 전통을 가진 음식점을 운영하는 회사로 잘 알려져 있고, 현재도 여러 도시에서 지점을 운영하고 있다. 게다가 이 회사는 우리가 방문한 도시락 공장처럼 음식을 다루는 여러 가지 사업도 하고 있다. 우리가 니시바라야를 사례로 택한 이유는 이 회사가 2015년도 고령자고용개발 콘테스트에서 입상했기 때문이다. 영리를 추구하는 민간 기업에서는 고령자들을 어떻게 채용하고 있는지, 그리고 채용된 고령자들은 어떤 일을 하고 있는지 알아보기 위해 현장을 찾아갔다.

1) 고령자 일자리를 만든 도시락 제조공장

니시바라야가 운영하는 도시락 제조공장은 도쿄도 내에서 다소

〈니시바라야의 홈페이지〉

〈니시바라야 이치바야시 도시락 공장 외관〉

외곽에 위치해 있었다. 우리는 도쿄 시내의 이다바시에서 두 번 지하철을 갈아탄 후 다시 택시로 10분 정도 달려서 조용하고 작은 이츠이라는 마을에 도착했다. 주택가에 위치한 아담한 건물인 주식회사 니시바라야의 도시락 제조공장은 바로 한눈에 들어왔다.

공장의 정문 앞에서 약속시간에 맞춰 우리를 기다리고 있던 하기와라 부장을 만났다. 그는 니시바라야가 경영하는 중국식당 프렌차이즈에서 주방장으로 일하다가 퇴직 후 지속고용으로 이 공장에서 일하고 있었다. 하기와라 부장은 흰색 작업복을 입은 채 우리를 자신의 사무실로 안내한 후 먼저 간단히 자기를 소개하였다.

"저는 하기와라라고 합니다. 현재 정년퇴직을 하고 촉탁계약으로 일하고 있습니다. 직책은 부장입니다. 공장장은 젊은 사람이 맡고 있어요. 저는 24세부터 이 회사에서 요리사로 일하기 시작했고, 지금 70세까지 일하고 있습니다. 현재 사장의 아버지인 전 사장이 매우 인품이 좋으셔서 직원들을 잘 대해 주었습니다. 그것에 끌려서 평생 이 회사에서 근무했지요."

2) 니시바라야의 경영철학

그리고는 자신이 평생 일한 회사를 자랑하며 회사의 경영방침에 대해서도 말했다.

"식도락 붐이 완전히 정착한 오늘날, 손님이 전문 식품회사에게 요구하는 것은 탁월한 프로 기술에 의한 본격적인 맛, 이른바

'진짜'입니다. 어느 업계에서도 진짜라고 인정받은 것은 힘이 있습니다. 우리 니시바라야가 전통음식점으로 창업한 이후 오랜 역사 속에서 끊임없이 추구하며 수련해 온 것도 오직 이런 이유 때문이지요."

그는 '진짜 맛'을 소비자가 마음껏 즐길 수 있도록 하는 것이 회사의 소명이라고 강조했다. 이어서 그는 회사의 성과와 현황에 대해 설명했다.

"우리는 지바현에서 처음으로 식품위생관리 우수시설로 후생성 표창을 받았고, 천황 가문이나 외국 국빈을 위한 공식 선물업체로 인정받는 영광도 얻었습니다. 오늘과 같이 사업을 확대할 수 있었던 것은 우리 모두가 쉬지 않고 정진한 것을 인정받았기 때문이라고 생각합니다. 현재 여러 식당 외에도 지바현청의 구내식당도 운영하고 있어요. 모든 점포에 일식과 서양식의 베테랑 주방장들이 있어서 전통기술에 현대의 기호를 교묘하게 도입하는 등 무한한 맛을 탐구하고 기술향상에도 힘쓰고 있답니다."

게다가 니시바라야는 식당경영 외에 특별한 이벤트 사업도 하고 있다고 말했다.

"우리는 해마다 활발해지고 있는 각종 파티의 기획 · 연출도 하고 있습니다. 우리 가게나 혹은 파티장에 출장을 나가서 취향에 맞추어 오밀조밀하게 꾸민 요리를 제공하고, 이벤트나 기념식의 기획·연출, 도우미 파견 등 파티의 모든 것을 기획해서 잔치가 더 즐겁고 화려하게 진행되도록 지원하고 있습니다."

니시바라야는 전국적으로 많은 점포를 운영하고 있는데, 직원 중 정규직원은 129명이며, 그중에 60세 이상인 직원이 29명이라고 한다. 그리고 시간제근무로 일하는 직원은 99명인데, 그중 60세 이상이 54명이나 된다고 말했다. 아마도 사업의 속성상 젊은 세대가 선호하는 직장이 아니라서 중고령자들이 많이 채용된 것이 아닐까 짐작해 보았다.

(1) 니시바라야의 고령자 채용

하기와라 부장에게 우리가 고령자를 지속고용 또는 재고용하는 회사를 사례로 찾는 과정에서 니시바라야가 고령자고용과 관련하여 후생성 모범사례로 선정된 것을 보고 인터뷰를 요청하게 되었다고 말했다. 그는 이에 대해 자세하게 설명했다.

"일본의 방송국에서 우리 회사를 한번 취재했는데, 그때 고령자 재취업에 관한 내용이 방영되었습니다. 그것을 계기로 소문이 나서 결국 후생노동성의 모범사례로 뽑힌 것 같습니다. 그 내용에는 고령자가 일하기 쉽도록 작업대를 낮추고, 바닥은 미끄럼방지 공사를 한 것이 포함되어 있었지요. 또 직원들에게 안전교육을 많이 시키는 것도 소개되었답니다."

니시바라야에서 일하는 고령자들이 많은 이유를 그에게 물으니, 회사 전체적으로 고령자를 많이 채용하고 있는 것은 아니란다. 그보다는 지금 일하는 도시락 공장 설립 이후에 직원채용 공고를 냈는데 고령자들이 많이 응모한 것이 계기가 되었단다. 이런 추이는 최근 일본에서 인력을 구하기가 쉽지 않은 점도 작용을 하였다고 말했다. 특히 이 공장이 위치한 것처럼 주변 지역이나 중소도시의 경우는 인력을 구하기가 더 어렵기 때문에 고령자들에게 취업기회가 많다고도 했다. 하지만 그와의 면담 중에 이 회사에서 고령자를 많이 채용하게 된 중요한 이유는 더 있었다. 그것은 도시락이라는 먹거리 생산은 시간에 맞춰야 한다는 특징 때문이었다. 즉, 고령자들은 새벽부터 일할 수 있다는 이점이 있기에 채용기회가 있을 때 더 유리하다는 것이다.

(2) 도시락 제조공장의 운영 실태

여기서 만들어진 도시락의 판매처가 어딘지 궁금하여 하기와라 부장에게 물었다.

"우리가 만든 도시락은 일반 편의점에도 공급을 합니다만, 주 수요자는 노인들입니다. 노인용 도시락을 공급하기 위해 공장을 설립하게 된 배경에는 지역에 있는 생활협동조합 '파르 시스템'에서 노인용 도시락을 만들어 달라는 요청이 있었습니다. 우리가 공장에서 새벽부터 도시락을 만들어 아침 7-8시 정도에 냉동차로 각 생협에 배달하면, 생협에서는 저녁식사용으로 그들의 가정에 배달합니다."

　이곳 도시락 제조공장에서는 직원의 고용조건이 어떨지 궁금하여 그에게 물었다.

　"고령자를 포함하여 이 공장에서 일하는 모든 사람들은 매년 1년 단위로 근로계약을 합니다. 계약 시에는 모두 의무적으로 건강검진 결과를 제시해야 합니다. 우리 공장에는 그만두는 사람이 거의 없어서 다행히 인력수급에는 어려움이 없는 편입니다. 그래서 저는 우리 공장은 일하기 좋은 직장이라고 생각합니다."

　관리자인 그와 달리 다른 사람들은 시간제로 탄력근무를 하고 있었다. 하기와라 부장은 연령별로 근무시간이 다르다면서 몇 사람의 근무조건을 알려 주었다.

　"아이를 키우는 30-40대 주부는 주로 새벽에 나와서 몇 시간 일하고 돌아가서 아이들 학교 보내고 낮에는 집안일을 하는 경우가 많습니다. 이런 사람들에게 공장일은 아르바이트인 거지요. 생활비에 보태기 위해 잠시 일을 한다고 보시면 됩니다. 반면 고령자들은 낮에 일하고 싶어 하는 편이고, 보통 오전 8-12시까지 근무합니다. 이런 유연한 근무조건이 오랜 기간 일하게 만들었다고 보시면 됩니다."

이 공장에서는 무엇보다도 가족주기에 따라 개인별로 선호하는 근무시간이 다른 점을 눈여겨볼 만하였다. 우리나라도 정규직 위주의 고용창출에 더해 유연한 조건의 고용을 확대하여 더 많은 사람들에게 일자리 기회를 제공하는 것도 긍정적인 시각에서 검토해 볼 만하다.

3) 공장의 작업공정 둘러보기

이어서 우리는 하기와라 부장의 안내를 받아 사무실에서 공장으로 향했다. 공장으로 가는 사무실 복도 끝에는 조그만 카펫이 놓여 있었다. 자연스레 밟다가 끈적거림이 유별나서 자세히 보니 바닥이 끈끈한 재질로 되어 있었다. 하기와라 부장은 이 카펫이 공장

〈조리실에 들어가기 위해서는 반도체 공장에서 사용하는 에어워셔를 통과해야 한다〉

으로 들어가는 사람들의 신발이나 옷에 묻은 먼지를 닦아주는 기능을 한다고 말했다. 이어서 머리에 캡을 나눠 쓰고 각자 에어워셔 부스에서 개별적으로 공기소독을 마치고 공장으로 들어갔다. 이 소독과정은 모든 직원이 공장을 드나들 때마다 거치게 된다. 왜냐하면 에어워셔가 공장으로 들어가는 주출입구이기 때문이다.

도시락 제조공정을 보러 들어간 공장에서는 우선 일본 편의점에서 흔히 볼 수 있는 나무로 만든 도시락이 많이 진열되어 있는 것이 눈에 띄었다. 가정으로 도시락 배달을 가면 어제 배달했던 빈 도시락을 수거해서 다시 이 공장으로 가져온다는 설명도 들었다. 그러면 직원들은 새벽부터 도시락 씻기나 재료 다듬기와 조리 등 각자에게 주어진 일을 하면서 하루 일과를 시작한다.

공장에는 ㄷ자 형으로 작업대가 설치되어 있었다. 작업대의 한쪽 끝은 자동세척기에서 나온 식판들이 컨베이어 벨트를 따라 들어오게 만들어져 있었다. 고령의 직원들은 세척되어 들어온 식판

〈완성된 저녁 도시락(상)과
내용물에 대한 자세한 사항을 기록한 종이를 붙인 포장된 도시락(하)〉

들을 건조대에 넣고 타이머를 조작한다. 이미 건조가 끝난 다른 건조대에서는 젊은 여성 직원 한 명이 막 건조된 식판을 꺼내 작업대 위에 배치하고 있었다. 그다음에는 여성 직원 여러 명이 조리된 음식을 식판에 정갈하게 담는다. 마지막에는 또 다른 남녀 직원들이 뚜껑을 닫고 회사 마크가 인쇄된 종이상자에 음식이 담긴 식판을 넣고 최종 봉인을 하였다. 세척에서부터 매장으로 나갈 도시락이 완성되기까지 여러 직원들이 손을 맞춰가면서 협업을 하는 것이다.

(1) 젊은 세대와 함께 일하는 고령자들

공장 안에서 일하는 사람들 중 반 이상은 고령자들이었다. 하기와라 부장은 여기서 젊은 직원들은 고령 직원들과 무난하게 협업을 하고 있다고 말했다. 그에게 고령의 노동력에 대해 어떻게 생각하는지 물었다.

"고령자들은 인생경험이 풍부하고 눈치가 빨라서 상황을 잘 이해합니다. 물론 젊은 사람에 비해 다소 느린 편이지요. 고령자들이 취업을 원하면 누구든 환영합니다. 하지만 가끔 거만한 고령자들이 있어서 함께 일하기 어려운 경우도 있어요. 자신이 최고라고 생각하고 있어서 협업이 어려워요. 현재는 함께 일하는 분들이 좋아서 어려움이 없습니다."

고령자들의 일반적인 특성은 이미 연구결과를 통해 많이 알려져 있다. 따라서 과거지향적이고, 유연성이 낮고, 고집이 세거나, 의심이 많은 등의 특성은 공동작업 과정에서 세대 간 갈등이나 편견을 각인시킬 수가 있다. 재취업한 고령자들 중에는 과거에 자신이 경쟁력 있게 수행했던 일에 기준을 두고 현재 하는 일에 대해서는 부정적인 판단을 하기도 한다. 이러한 모습은 또 젊은 세대에게 각인이 되면서 세대 간 화합과 통합을 이끌어 내는 데 걸림돌이 되기도 한다. 노년세대가 주류사회에서 일할 수 있는 여건을 조성하려면 이런 세대 간 부조화의 고리를 단절할 수 있어야 한다. 이를 위해서는 고령인력의 장점이 경험적 연구를 통해 객관적으로 더 많이 부각되어야 하고, 일하고자 하는 고령자들에게는 교육과 상담도 주기적으로 시행되어야 한다. 초고령사회의 패러다임으로 바뀌어야 하는 우리나라도 고령의 노동력을 사회적으로 견인하려면 그들이 가지고 있는 신중함, 지혜로움, 인내심, 강인함 등 연륜을 통해 드러나는 강점이 '강점 관점'에서 더 부각될 수 있도록 더 많은 노력이 이루어져야 하겠다.

4) 사례 – 도시락 제조공장에서 일하는 하기와라 씨와 바바 씨

하기와라 부장을 따라 공장견학을 하느라 그의 개인적인 이야기를 별로 듣지 못했다. 그래서 견학이 끝나자 바로 사무실로 돌아와서 인터뷰를 시작했다. 하기와라 부장에게 근무여건이나 퇴직 후 일하는 것에 대한 가족들의 생각 등을 물어보았다.

"저는 하루 8시간 근무하고 있으며, 월 24만 엔 정도의 급여를 받습니다. 연금도 있고 집도 내 집이라 생활에 큰 어려움은 없어요. 아내와 아이들은 제가 아직도 건강하게 일하는 것을 매우 좋아합니다. 아들이 둘인데, 둘째는 자주 찾아오고, 첫째는 바빠서 가끔 옵니다. 아내와 여행을 많이 가고 싶은데, 애완동물을 맡기지 못해 당일치기 여행을 다니고 있습니다.”

자녀들의 입장에서 볼 때 부모가 노년기에도 일하는 것은 건강하다는 것을 상징한다. 그러니 감사하게도 일을 지속하니까 건강을 유지한다고 생각하는 듯하다. 그는 내년에 촉탁기간이 끝나면 일을 좀 줄이고 싶단다. 매일 출근하는 부장 일도 그만두고 시간제 근무로 일하면서 여가를 더 누리고 싶단다.

〈도시락 제조공장에서 일하는 바바 씨와 하기와라 부장〉

우리는 회사 사무실로 돌아와서 이제 막 일을 마치고 아직 유니폼도 갈아입지 않은 바바 유키코 씨와 인터뷰를 하였다. 아담한 체격에 일본 여성의 풍모가 꽤 풍기는 그는 모자가 달린 흰색 작업복을 입고 있었다. 인터뷰 중에도 마스크만 턱 아래로 내리고 있을 뿐, 머리칼 하나도 보이지 않게 정갈하게 모자를 쓴 채 인터뷰에 응해 주었다.

그는 우리가 온 목적을 듣고 나자 선뜻 이야기를 시작했다.

"저는 67세이고, 남편은 현재 병원에 입원중이며, 자녀는 세 명입니다. 남편과 딸은 제가 바깥에서 일하는 것을 매우 좋아합니다. 저는 오랫동안 주부로 살아와서인지 사회에 나와서 일하니 정말 좋습니다. 많은 사람들과 만나서 일도 하고 이야기하는 것도 좋아요. 집에 있으면 멍하게 지내게 되어 치매에 걸릴 위험도 높아진다고 해요."

이번 일본편 저서를 집필하면서 우리는 여러 사례를 만났다. 그들과의 인터뷰 중 공통점은 노년에 사회활동 하는 것을 가족들이 매우 좋아한다는 것이다. 이는 고령자들이 가족들의 지지를 받으면서 일한다는 것을 의미한다. 이처럼 가족들이 고령인 가족원의 사회참여에 대해 긍정적이라면 자녀들과는 세대 간 소통의 주제가 생기는 것이고, 배우자라면 은퇴 후 모든 시간을 같은 공간에서 보내야 하는 스트레스를 줄일 수 있는 기회가 생길 수도 있다. 물론 적당한 수입도 당연히 매력이겠지만. 따라서 고령자들이 사

〈도시락 제조공장 내부〉

1·2. 수거된 도시락함을 세척기로 청결하게 세척한 후 보관함에 넣어둠
3. 디저트를 준비해 둔 모습
4. 청결하게 가동하는 튀김기
5. 도시락을 기계에 통과시켜 이물질이 들어갔는지 확인함
6. 식단은 영양사 두 명이 관리함

회참여를 하게 되면 생산적인 활동을 통해 개인적인 성과를 얻을 수 있는데다가 원만하고 건강한 가족관계를 유지할 수 있다는 이점도 있다.

바바 씨는 도시락 공장인 니시바라야가 생기기 전, 이곳에 관혼상제 음식을 만드는 회사가 있을 때부터 일했다고 한다. 그러다가 그 회사가 문을 닫고 니시바라야가 들어오자 그대로 지금까지 일하고 있는 것이다. 경력이 오랜 그에게 공장에서 어떤 일을 하느냐고 물었더니 자신이 하는 일을 자랑스럽게 설명했다.

"저는 도시락에 음식을 담거나 뒷정리를 하고, 내일 요리할 재료를 준비하는 일을 합니다. 오전 6시부터 10시까지 하루 4시간 일을 하고, 시급 870엔씩 일당을 받습니다. 그리고 일을 마치면 남편이 입원해 있는 병원에 가서 수발을 합니다. 저는 일과 남편수발을 동시에 할 수 있어서 현재 하는 일에 만족하고 있어요. 체력이 허락하는 한 계속 일하고 싶어요. 일을 하면 건강에도 좋고 수입도 있고 국가를 위해서도 좋은 일인 것 같아요."

노후 경제활동이 가지는 의미의 여러 측면을 다 알고 있는 그의 말을 듣자, 다른 사례에서 질문했던 노년기 일의 의미가 무엇인지 물을 필요가 없었다.

2. 도쿄가스의 하청회사 ㈜고레이샤

1) 퇴직자들이 설립한 주식회사

주식회사 고레이샤는 도쿄도 치요다구에 위치해 있다. 치요다구는 천황이 사는 황궁이 있는 곳으로 도쿄의 핵심적인 지역이다. 우리는 도쿄메트로 스에히로초역에서 도보 5분 거리에 위치한 ㈜고레이샤를 찾았다. 우리를 반갑게 맞아 준 오가타 대표이사는 우선 회사에 대해 소개하였다.

"고레이샤는 2000년 1월에 설립되었고, 각종 위탁사업, 인력파견사업, 유료 직업소개사업, 가사대행사업을 주로 하고 있습니다. 2016년 현재 등록된 직원은 761명으로 규모가 커졌어요."

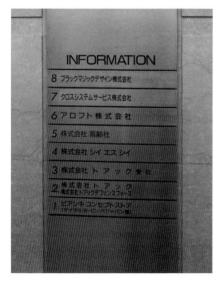

〈주식회사 고레이샤 사무실 안내〉

고레이샤라는 이름이 특이하여 오가타 씨에게 고레이샤가 설립된 배경을 물어보았다.

"창업자인 우에다 씨는 도쿄가스에서 평생 일하고 퇴직한 후에 '고레이샤'를 설립했습니다. 그가 회사를 만든 배경은 좀 특이한데요. 도쿄가스에서 정년퇴직한 동료들이 무료하게 노후를 보내는 것을 보고, 노후에 기력, 지력, 체력이 남아 있으면 최대한 자신을 위해 정년 없이 일할 수 있어야 한다는 생각으로 창업을 하게 되었답니다. 정년퇴직자가 가진 풍부한 경험을 고품질, 저비용, 유연한 대응을 통해 고령자 자신은 물론 소비자에게도 만족감을 줄 수 있다는 생각으로 시작한 거지요. 그래서 회사명칭도 한 번 들으면 잊지 않도록 '고레이샤高齡社'로 하였답니다."

말하자면 고레이샤는 도쿄가스의 하청회사로서, 도쿄가스의 정직원들이 굳이 하지 않아도 되는 일들을 퇴직한 도쿄가스 경력자들이 맡아서 하는 회사다. 설명을 듣고 나자, 고레이샤는 다른 회사와는 달리 도쿄가스라는 모기업이 있어서 큰 어려움 없이 운영될 것이라는 생각이 들었다. 게다가 직원들도 도쿄가스 출신들이므로 업무에 대한 이해도도 높을 것이고, 과거에 자신이 하던 일을 지속적으로 하고 싶어 하는 대다수 퇴직자들의 바람을 그대로 실천할 수 있어서 업무효율성도 높을 것이다. 결국 모기업과 하청기업이 윈윈하는 관계라는 것을 쉽게 알 수 있었다.

앞서 기술한 여러 사례에서는 수익을 창출하는 기관이라도 비영리법인이나 협동조합 등의 조직을 설립하여 운영하였다. 그래서 오가타 대표이사에게 고레이샤가 퇴직 고령자들의 활동을 위해 설립되었는데, 특별히 주식회사로 출발한 이유가 무엇인지 물었다.

"고레이샤는 고령자들이 중심이 된 전문기업입니다. 자원봉사가 아닌 이윤을 남겨서 직원들이 함께 나누는 것이 목적이므로 NPO나 협동조합이 아닌 주식회사로 설립된 거지요."

NPO나 협동조합은 소득을 창출하고 분배하는 데 한계가 있다는 것을 감안하여 주식회사를 만들었다는 것이다. 하지만 회사 운영의 기본철학을 인본주의에 두고 있음을 강조했다.

"우리는 연말에 특별상여금 형태로 종업원들에게 이윤을 배분하고 있습니다. 그 이유는 우리 회사가 추구하는 바는 종업원들이 행복하게 일할 수 있도록 이윤을 나누는 것에 초점을 두고 있기 때문이지요."

그의 말을 통해 고레이샤가 주식회사의 경영방식을 통해 이윤을 추구하지만, 일반 주식회사와는 달리 고용된 사람들과 공유하려는 가치를 실천하고 있음을 알 수 있었다. 이어서 고레이샤의 사업내용에 대해 물어보았다.

"고레이샤의 주요업무는 인재파견, 유료직업소개, 위탁사업 등입니다. 그중에서도 도쿄가스의 위탁업무가 80% 정도를 차지하지요. 사실 도쿄가스로부터 위탁받은 업무는 도쿄가스 내에서 자체적으로 감당할 수 있지만, 정년퇴직한 선배들을 지원하기 위해 만들어졌다고 보시면 됩니다. 예를 들면 가스미터기 점검, 전기기구 수리용 차량 보조원(도쿄가스 담당직원이 차에서 내려 가정을 방문할 때 차에 남아 차량안전 보조), 모델하우스 및 전시회 등에서 가스사용법을 설명하는 것 등입니다. 이처럼 고레이샤 업무 중에는 도쿄가스의 위탁업무 비중이 크기 때문에 도쿄가스에서 퇴직한 직원들이 많습니다. 그리고 도쿄가스가 가스 관련 업무를 우리에게 위탁한 이유는 퇴직자들을 지원하기 위한 것도 있지만, 직원들 중에는 도쿄가스 출신이 많아서 가스 업무와 관련하여 별도의 교육을 시킬 필요가 없다는 점도 중요하게 작용했지요."

오가타 대표이사의 설명을 들으면서 고레이샤의 설립취지와 사업내용이 일치한다는 것을 쉽게 알 수 있었다. 그리고 도쿄가스와 고레이샤가 상호 윈윈하는 관계라는 점도 파악되었다. 이어서 그에게 직원들의 근무조건과 급여에 대해 물었다.

"현재 우리 회사에서 일하는 직원들의 평균 연령은 69세이고, 평균 일주일에 3일 근무하면서 월 8만 엔 정도의 수입을 얻고 있습니다. 우리가 하는 일의 방식은 한 가지 일을 두 명 이상이 함께 하는 워크 쉐어링work sharing 방식입니다. 그래서 이 정도의 일을 하고 받는 수입의 정도는 연금수령자에게는 큰 금액입니다. 그리고 기본적으로 연금을 받고 있어서 경제적으로 어려움이 없는 편이지요."

2) 사례 - 재취업한 다치바나 씨

오가타 대표이사와 인터뷰를 마치고, 우리를 기다리고 있던 다치바나 씨와 마주 앉았다. 다치바나 씨는 도쿄가스에서 퇴직한 후 고레이샤에 재취업하여 3년째 근무하고 있다. 그는 현재 68세이며, 평생을 도쿄가스에서 수리, 설계, 견적 업무를 해 왔다고 한다. 다치바나 씨도 다른 사례의 응답자와 마찬가지로 직장뿐만 아니라 개인생활도 자세하게 이야기해 주었다.

"저는 퇴직 전부터 고레이샤에 대해 잘 알고 있었습니다. 고레이샤는 전직 도쿄가스 사람들이 창업한 회사로 유명합니다. 그래서 저도 퇴직 후에 고레이샤에서 근무하게 된 거지요. 저는 제가 원해서 보통 직원들보다 더 많이 일하고 있습니다. 일주일에 4일 정도 일하지요. 하루에 8시간 일하니까 일주일에 32시간이 되고 수입도 월 12만 엔 정도입니다. 아직은 체력이 남아 있어서 일하는 것이 좋습니다. 그리고 일주일에 3일은 쉴 수 있어서 일과 여가의 밸런스도 매우 좋다고 생각합니다. 쉬는 날에는 텃밭을 가꾸거나 동네 친구들과 볼링도 합니다. 그리고 가끔 여행도 간답니다. 수입 중에 남은 돈은 저축도 하지요. 그러니 가족들도 제가 이렇게 재취업해서 일하는 것에 매우 만족해합니다. 가능하면 최대한 오래 일하고 싶어요. 평생 해 온 일이라 어렵지도 않고 활동도 할 수 있어서 건강에도 좋은 것 같습니다."

〈필자들과 인터뷰를 하고 있는 고레이샤 임원들〉

다치바나 씨와의 인터뷰를 통해 그의 취업활동도 다른 사례와 마찬가지로 생산적 노화의 가치를 추구하면서 활기찬 노년을 실천하는 좋은 사례라고 생각하였다.

WHO에서는 활기찬 노년을 추구하는 세부 요소로서 건강, 사회참여, 안전(재정과 환경)을 규정하고 있다(WHO, 2002). 다치바나 씨는 평생을 해 오던 일의 연속선상에서 과하지 않게 일하면서 여가도 즐기고 지인들과의 관계를 균형 있게 유지하고 있었다. 즉, 활기찬 노년을 실현하기 위해 건강, 사회참여, 재정안전을 추구하는 것이다. 게다가 고레이샤의 작업환경은 고령친화적인 조건을 고려하고 있어서 최소한 안전한 환경도 보장된다고 볼 수 있다. 퇴직 후 건강을 유지하면서 적당한 수입과 사회적 관계망을 유지하는 것은 높은 수준의 삶의 질을 유지할 수 있는 최선의 조건이다. 게다가 퇴직 전에 하던 일의 연속선상에서 하는 일이니 더 만족감이 높다.

그런데 고레이샤처럼 주식회사를 설립하여 모기업과 상호 윈윈하는 관계에 있는 사례는 흔치 않을 것이다. 우리나라의 경우도 일부 대기업의 방계회사에서 퇴직자들을 채용하는 경우가 있지만, 모기업 출신자 중심으로 회사를 설립하여 운영하는 경우는 아마 없을 것이라 짐작된다.

우리나라 고용 관련 통계를 보면, 최근 퇴직을 했거나 향후 몇 년 이내에 퇴직예정인 중장년의 비율이 다른 연령계층에 비해 상대적으로 높다. 이런 추이로 인해 경력직 노동력의 대량 퇴직이 기업의 경쟁력 저하로 이어질 수 있다는 우려도 적지 않게 제기되는 실정이다. 게다가 아직 우리나라는 다른 선진국들에 비해 정년 연령이 짧다는 점을 고려한다면 이제는 퇴직자들의 노동력을 활용하면서 기업에도 득이 되는 재고용 또는 지속고용 방안들이 다양하게 제시되어야 할 시점이다. 물론 중고령자들의 재고용이 길어지면 청년고용의 기회가 감소될 수 있다는 주장도 경청할 필요가 있다. 이는 청년고용과 퇴직자 재고용을 제로섬zero-sum의 논리로 운용하면 안 된다는 것이다. 이를 위해서는 퇴직자들을 위해 일자리를 창출할 수 있는 방안들이 구체적으로 모색되어야 한다. 이 책에는 우리나라 기업에 적용하거나 응용해 볼 수 있는 사례들이 여러 가지 소개되어 있다. 아무리 정부가 공공 노인일자리의 양을 늘리더라도 퇴직한 고령자들에게 제대로 된 경제활동 기회를 제공할 수 있는 열쇠는 민간 기업들이 쥐고 있다는 것을 유념해 봐야 한다.

3. 중소 제조업체 닌바리 공작소

1) 민간 제조업체의 고령자 채용

이 책의 앞 부분에서는 모두 도쿄시나 도쿄도에서 발굴한 기업이나 단체들의 사례를 소개하였다. 하지만 닌바리 공작소는 오사카시에 위치한 중소기업이다. 우리는 퇴직자를 다수 채용하고 있는 민간 기업으로 닌바리 공작소를 발굴하였고, 사전에 인터뷰를 요청한 후 방문하여 마사유키 대표이사를 만났다. 마사유키 대표이사는 우선 닌바리 공작소의 현황을 소개해 주었다.

"닌바리 공작소는 1964년 10월 오사카시 히가시구에서 설립되었고, 연매출이 20억 3,000만 엔 규모인 중소기업입니다. 우리 회

〈닌바리 공작소 전경〉

사에서는 정밀판금부품과 반완성품을 제작하는데, 주로 OEM방
식으로 거래처의 주문을 받아 완성품을 제조하여 공급합니다. 하
지만 일부는 자체 상품을 만들어 판매하기도 하지요."

그의 설명을 들으니 닌바리 공작소는 중소기업이면서 오랜 역사
를 가지고 있었다. 그는 우리가 사전에 보낸 질문에 따라 닌바리
공작소의 규모와 고령자 채용에 대해 이야기해 주었다.

"우리 회사의 종업원은 약 100명 정도입니다. 연령분포를 보면,
2014년 기준으로 20대가 24%, 30대는 22%, 40대가 26%, 50대 7%,
60-65세 11%, 66-70세 8%, 71세 이상이 2% 정도지요. 즉, 중장년
비율이 30% 정도이고, 정년 60세를 넘긴 종업원 비율도 21%나 되

〈닌바리 공작소 마사유키 대표이사〉

어 재고용된 고령자 비율이 제법 높습니다. 십여 년 전인 2003년
에는 60세 이상인 직원이 단 1명밖에 없었어요. 그에 비하면 최근
에 고령자들이 많이 채용되는 추이지요."

그는 우리의 방문목적을 알고 있으므로 고령자 채용 부분을 강
조하였다.

"특히 60세 이상의 직원이 10여 년 사이에 급증한 것은 닌바리
공작소가 2000년부터 2012년까지 '지역고령자 능력활용 직영개발
지원사업'의 시범기업으로 지정되어 퇴직한 직원들을 65세까지 계
속 고용하는 제도를 적용했기 때문입니다. 이 제도의 공식명칭은
'생애현역 계속고용제도'입니다."

닌바리 공작소는 일본 정부가 건강하고 일할 의사가 있는 고령
자들에게 퇴직 후에도 생애현역으로 계속 일할 수 있는 기회를 주
기 위해 만든 제도를 적용한 것이다. 이 제도는 이 책 제1부에서
소개했던 퇴직 후 고령자고용제도 세 가지 유형 중 하나인데, 닌
바리 공작소는 그중 계속고용 방식을 택한 것이다. 이 회사의 시
범사업 성과는 근로자가 건강하고 의욕과 능력이 있는 한 정년에
관계없이 계속 일할 수 있음을 긍정적으로 보여주었다. 앞서 소개
한 고레이샤나 닌바리 공작소의 고령자 채용의 공통점은 회사 규
모가 작고 이미 숙련된 고령자들을 채용하므로 직업교육을 시킬
필요가 없고, 일 자체도 젊은이들이 선호하는 직종이 아니라는 것

이다. 이에 더해 최근 일본의 경기호조가 젊은이들을 좋은 직장으로 쏠리게 한 것도 중소기업들이 고령자 채용에 관심을 갖는 데 영향을 주었을 것이다.

마사유키 대표이사에게 시범사업으로 고령자고용을 시작하게 된 당시의 상황을 자세히 알려 달라고 요청하였다.

"닌바리 공작소의 창업 50주년이었던 2014년은 당시 정년(60세)을 맞이한 직원들에게는 뜻깊은 해였어요. 회사는 정부의 시범사업을 채택하면서 계속 일하기를 원하는 직원 13명에게 일할 기회를 주었어요. 그중에는 76세의 최고령 직원도 있었답니다. 그 경우는 특별한 케이스였고, 현재는 70세까지만 고용을 연장하고 있습니다. 구체적으로 말씀드리자면, 현재는 우선 만 60세 정년이 되는 직원이 계속 근무를 희망하면 만 65세까지 재고용을 합니다. 그리고 65세 이후에도 계속고용을 원하면 회사와 당사자가 협의하는데, 회사규율상 해고나 퇴직 사유에 해당되지 않으면 70세까지 재고용하고 있습니다. 사실 70세 고용은 우리 회사가 중소기업이므로 젊은 노동력을 채용하는 데 따른 어려움이 가져온 결과라고 볼 수 있지요."

일본의 생애현역 계속고용제도는 노사 간의 윈윈 전략으로 시작되었으므로 앞으로도 지속될 것이라 전망한다. 우리는 생애현역 계속고용제도가 시행된 이후의 성과에 대해 물었다. 마사유키 대표이사의 대답을 토대로 법적 근거에 따라 강제력을 가진 생애현역 계속고용제도의 장단점을 정리해 보았다.

우선 장점은 다음과 같다.

첫째, 생애현역 계속고용제도는 대부분의 중소기업이 당면하고 있는 숙련된 직원 부족을 보완할 수 있고, 고령 직원이 쌓아 온 인맥과 현장 노하우의 연속성을 확보할 수 있다. 둘째, 회사경영 차원에서는 숙련된 직원을 고용하면서도 인건비를 절감할 수 있다. 셋째, 사업현장에서는 기술과 기능 확보가 용이하며, 경력이 짧은 젊은 직원에게 전수해 줄 수 있다. 넷째, 장기고용이 이루어짐에 따라 고령의 직원들은 일에 대한 몰입도가 향상되며, 젊은 직원들의 장점인 기동력이나 정보처리능력과 상호 보완적으로 협업할 수 있다.

반면 실제 고령자를 채용하고 난 후에 나타난 문제점도 여러 가지 있었다.

첫째, 생애현역 계속고용제도에 따라 65세까지 고용하게 되므로 회사경영 측면에서 인건비 총액이 증가한다. 특히 회사 실적이 악화되었을 때 잉여인력에 유연하게 대응하는 것이 어렵다. 둘째, 정년 후 계속고용으로 인해 젊은 직원 채용에 제약이 따르며, 고령 직원의 증가로 인해 회사 분위기에 활기가 떨어진다. 셋째, 고령 직원이 증가함에 따라 고령친화적인age friendly 작업환경 조성비용이 증가한다. 넷째, 고령자의 건강문제에 따른 불안감이 상존하고, 개인차가 있기는 하지만 회사 차원에서 고령 직원들의 개별적인 건강관리에 어려움이 있다. 다섯째, 새로운 기계 도입 시 고령 직원은 젊은 직원에 비해 상대적으로 적응능력이 낮아서 업무의 효율성이 떨어진다. 여섯째, 계속고용에 따른 고용계약 시에 본인의 희망과 회사의 제안조건이 일치하지 않는 경우도 있는데, 불만이 있는 고령 직원들로 인해 조직 내 명령체계가 원활하게 작동하지 못하는 경우도 있다.

이처럼 기업 입장에서 보면 퇴직한 고령자의 재고용은 현실적으로 양면을 가질 수 있다.

2) 사례 - 장기근속 중인 오카니시 도시오 씨

우리는 실제로 고령 직원은 회사생활에 대해 어떻게 생각하는지를 듣기 위해 1999년부터 16년째 근무하고 있는 오카니시 도시오 씨를 만났다. 그는 2016년 현재 65세로, 닌바리 공작소에서 퇴직한 후에 재고용되었다. 반갑게 인사를 나눈 오카니시 씨에게 첫 질문으로 그의 회사생활에 대해 물었다. 그는 밝은 표정으로 매우 간략하고 자신감 있게 말했다.

"저는 오전 8시부터 오후 5시까지 일하고, 가끔 잔업이 있으면 평균 2시간 정도 더 일합니다. 회사에서 하는 일은 예전부터 해 오던 일이라 몸에 큰 무리는 없습니다."

이어서 그는 묻지도 않았는데 자신의 희망사항도 덧붙였다.

"만약 저의 건강이 뒷받침해 준다면 70세까지 일하고 싶습니다."

그의 답을 통해 자발적으로 재취업한 고령자들은 일에 대한 만족도가 높고 자신감도 있으며 가능하다면 더 오래 일할 의향이 있다는 것을 알게 되었다. 이런 응답과 태도는 앞서 소개했던 다른 기업이나 비영리기관에서 만난 재취업자들과 동일하였다. 즉, 고령자들은 나이와 관계없이 건강이 허락하고 자신에게 익숙한 일이라면 가능한 한 더 오래 하기를 원한다.

이어지는 질문으로 오카니시 씨에게 일하는 날이 아닐 때는 시간을 어떻게 보내는지 물었다.

"평소 휴일에는 영화를 보거나 아내가 녹화해 준 TV방송을 보면서 여가를 보냅니다. 그리고 옛날 노래(엔카)가 좋아서 레코드를 모으는 취미가 있어요. 가끔은 가라오케에 가서 노래도 부르지요."

오카니시 씨도 앞서 인터뷰했던 다른 고령자들과 마찬가지로 자신의 수입이나 개인적인 일에 대해 스스럼없이 말해 주었다. 역시 재취업한 고령자들의 태도에는 여유가 있었고, 그가 일하는 것에 대한 가족들의 생각도 똑같았다.

"저는 현재 수입이 월 24만 엔이고, 연금도 월 14만 엔 받고 있습니다. 여유가 있어서 시간이 되면 가족과 함께 여행도 자주 갑니다. 수입이 이 정도다 보니 경제적으로 어렵다고 생각하지 않아요. 가족들은 제가 퇴직하고 다시 직장에서 일하는 것에 대해 대단히 만족합니다. 단순히 돈을 벌어 와서가 아니라 일을 함으로써 건강도 유지한다고 생각하는 것 같아요. 개인적으로 직장 동료들과 술도 한잔 하면서 일과를 보낼 수 있다는 것도 매우 기쁩니다."

연금 월 14만 엔이면 일본의 연금수급자들이 받는 금액으로는 낮은 수준이다. 하지만 연금의 두 배에 가까운 월수입이 있으므로 오카니시 씨는 자신이 말한 대로 월 38만 엔의 수입으로 넉넉한 노년을 보내고 있다. 그는 현재 주 5일 정상근무에 잔업도 일부 하고 있어서 업무량이 적지 않다. 하지만 건강이 좋고 이미 익숙한 일이므로 즐겁고 편하게 일하고 있다. 즉, 노년의 일은 본인의 희망에 따라 자발적으로 하게 되면 즐겁고 유익한 활동으로 인식된다. 그러므로 어느 정도 이상의 연금을 받는 일본의 고령자들에게 '일'이란 경제적 도움이 우선이 아니라 자신이 평생 해 왔던 일을 가능

〈닌바리 공작소 직원들〉

한 한 당연히 지속해야 한다는 일본식의 근대적 노동관을 실천하는 것이다. 일정 수준의 연금이 있고, 이에 더해 재취업을 촉진할 수 있는 법적 장치가 마련되어 있어서 젊은 세대와 경쟁할 필요가 없는 데다, 퇴직 전까지 하던 일을 계속할 수 있다면 그야말로 양질의 노년기를 보내는 것이 아닐까. 물론 이런 근무조건이 일하기를 원하는 일본의 모든 고령자들에게 주어지지는 않을 것이다. 그러나 정부가 큰 그림을 제시하고 법적인 장치를 마련하여 고령 노동력의 고용확대를 촉진한 것은 100세 시대 고령자들이 '자립'을 추구하는 계기를 마련하는 데 크게 기여할 것이다.

현재 우리나라는 일본보다 더 빠른 인구고령화가 진행되고 있다. 그럼에도 불구하고 아직 민간 기업 중심의 고령자고용대책을 다양하게 마련하지 못하고 있는 실정이다. 결국 정부는 민간 기업과의 협의를 거쳐 점진적으로 정년을 연장해 나가야 하고, 그 과정에서 적극적으로 공공의 역할을 찾아내야 한다. 왜냐하면 수익창출이 곧 생존으로 직결되는 민간 기업에게 일방적으로 고용연장을 요구할 수는 없기 때문이다. 초고령사회를 목전에 둔 시점에서 수립되는 고령자고용정책의 종착점에는 누구든 나이와 관계없이 본인이 희망하면 일할 수 있는 제도가 만들어지기를 기대해 본다.

참고문헌

김수영 · 모선희 · 원영희 · 최희경, 노년사회학, 학지사, 2017.

김수영 · 이민홍 · 장수지(2014). 노인일자리사업 참여노인의 심리사회적 건강변화에 관한 연구. 노인복지연구, 64, 371-393.

김용하 · 임성은. 베이비붐 세대의 규모, 노동시장 충격, 세대간 이전에 대한 고찰. 보건사회연구, 31(2), 2011, 36-59, Health and Social Welfare Review 36.

김재호(2014). 초고령사회와 노후소득. 한국보건사회연구원 연구보고서.

박선권(2013). 생산적 노화 개념에 대한 비판적 고찰. 민주사회와 정책연구, 23, 172-200.

박정호(2012). 취업 고령자의 특성과 생산적 활동이 성공적 노화에 미치는 영향: 생산적 활동의 상호작용 효과를 중심으로. 사회복지정책, 39(4), 59-81.

윤순덕 · 박공주 · 강경하(2005). 노년기 농업노동의 사회복지비용 절감효과 분석. 한국노년학, 25(2), 109-126.

이석원 · 임재영(2007). 노인일자리사업의 연차별 의료비 절감효과. 한국행정학보, 41(4), 387-413.

이정의 · 肥後裕輝(2010). 고령자 경제활동 참여의 국가간 비교: 한미일을 중심으로. 노인복지연구, 50, 49-72.

이지현 · 강형곤 · 정우식 · 채유미 · 지영건(2008). 취업이 노인의 삶의 질에 미치는 영향. 한국노년학, 28(1), 143-156.

이희성(2008). 한국의 고령자고용촉진제도. 비교노동법논총, 14, 329-359.

정후식(2005). 일본 베이비붐 세대 퇴직의 영향과 정책대응. 서울: 한국은행.

지은정(2013). OECD 국가의 저소득 고령자고용지원정책: 노인일자리사업에 주는 함의. 사회복지연구, 44(3), 177-206.

최성재(2002). 생산적 노화를 위한 복지정책 방향. 한국사회복지학회 학술발표대회지, 213-245.

통계청(2016). 가계금융복지조사.

Bouvier L. F.(1980). America's baby boom generation: the fateful bulge. *Population Bulletin*, 35(1), pp.1-36.

Burr, J. A., Caro, F. G., Moorhead, J.(2002). Productive aging and civic participation. *Journal of Aging Studies*, 16(1), 87-108.

Butler, R. N. & Gleason, H. P.(1985). Productive aging: enhancing vitality later life, Springer.

Glass, T. A. & Seeman, T. E., Herzog, A. R., Kahn, R., & Berkman, L. F.(1995). Change in productive activity in late adulthood: MacArthur studies of successful aging. *Journal of Gerontology, Social Sciences*, 50B(2), S65-S76.

Hendricks, J. (1995). Productivity. in G. L. maddox et al.(eds.) *The Encyclopeia of Aging*(2nd ed.) 764-765. New York: Springer Publishing Co.

Starrels, M. E. (1994). Life course: stages and institutions, in S. A. Bass et al(eds.), Achieving a productive aging society(book review). *Contemporary Sociology*, 23(3), 408-410.

WHO (2002). "Active Ageing: A Policy Framework". www.who.org.

独立行政法人 労働政策研究·研修機構(2008).「団塊世代」の就業生活ビジョン調査結果(2007年).

国立社会保障·人口問題研究所(2012). 日本の将来推計人口(2012年1月推計).

内閣府(2010). 高齢者の生活と意識に関する国際比較調査(2010).

内閣府(2013). 平成25年度高齢者の地域社会への参加に関する意識調査(2013).

総務省統計局(1990-2015). 労働力調査.

高橋美保(2006).「働くこと」の意識についての研究の流れと今後の展望:日本人の就業観を求めて,東京大学大学院教育学研究科紀要, 45, 149-157.